ちくまQブックス

未来のきみを変える読書術

◆

なぜ本を読むのか？

苫野一徳

筑摩書房

本文イラスト

須山奈津希

未来のきみを変える読書術
――なぜ本を読むのか？

目次

目次

◆はじめに……007

第1章 読書の効用……013

クモの巣電流流し……013
道具としての知識……018
「勉強の仕方がわかったぞ」（？）……020
境界を突破する……026
読書もまた一つの〝経験〟……032
言葉をためる、交わし合う……039
ネットじゃダメなの？……043
〝構造〟をとらえる……051

市民としての読書……056

第2章 読書の方法 063

「投網漁法」から「一本釣り漁法」へ……063
読書会をやってみよう……069
図書の先生を大いに活用する……071
知識は雪だるま式に増える……074
速読の問題……077
文学との出会い……080
読書を習慣にする……083
「信念補強型の読書」と「信念検証型の読書」……085

欲望・関心相関性の原理 …… 091

第3章 レジュメ（読書ノート）の作り方 097

1冊まるまるレジュメを作る …… 097
レジュメは本を読み終えてから作る …… 101
電子書籍や電子ペーパーを活用する …… 108

◆あとがき …… 115
◆次に読んでほしい本 …… 118

はじめに

「読書は僕《ぼく》たちをグーグルマップにする」

大学で、よくそんなことを学生たちに話しています。

特に若いうちは、自分がいったい何者なのか、何者になれるのか、どう生きたいのか、よくわからないものです。いわば、高層ビル群の中で道に迷って、あっちへ行ったりこっちへ行ったりを繰《く》り返しているような状態です。

もちろん、地図のない旅は、それはそれで楽しいものだし、若い頃《ころ》の特権でさえあります。

でも、それがずっと続くと、わたしたちはいつか息切れしてしまうものです。

そんな時、だまされたと思って、**とにかく大量の読書経験を積んでみてほしい**。そう、大学生たちに伝えています。そうすれば、**ある時突然《とつぜん》、自分がグーグルマップに**

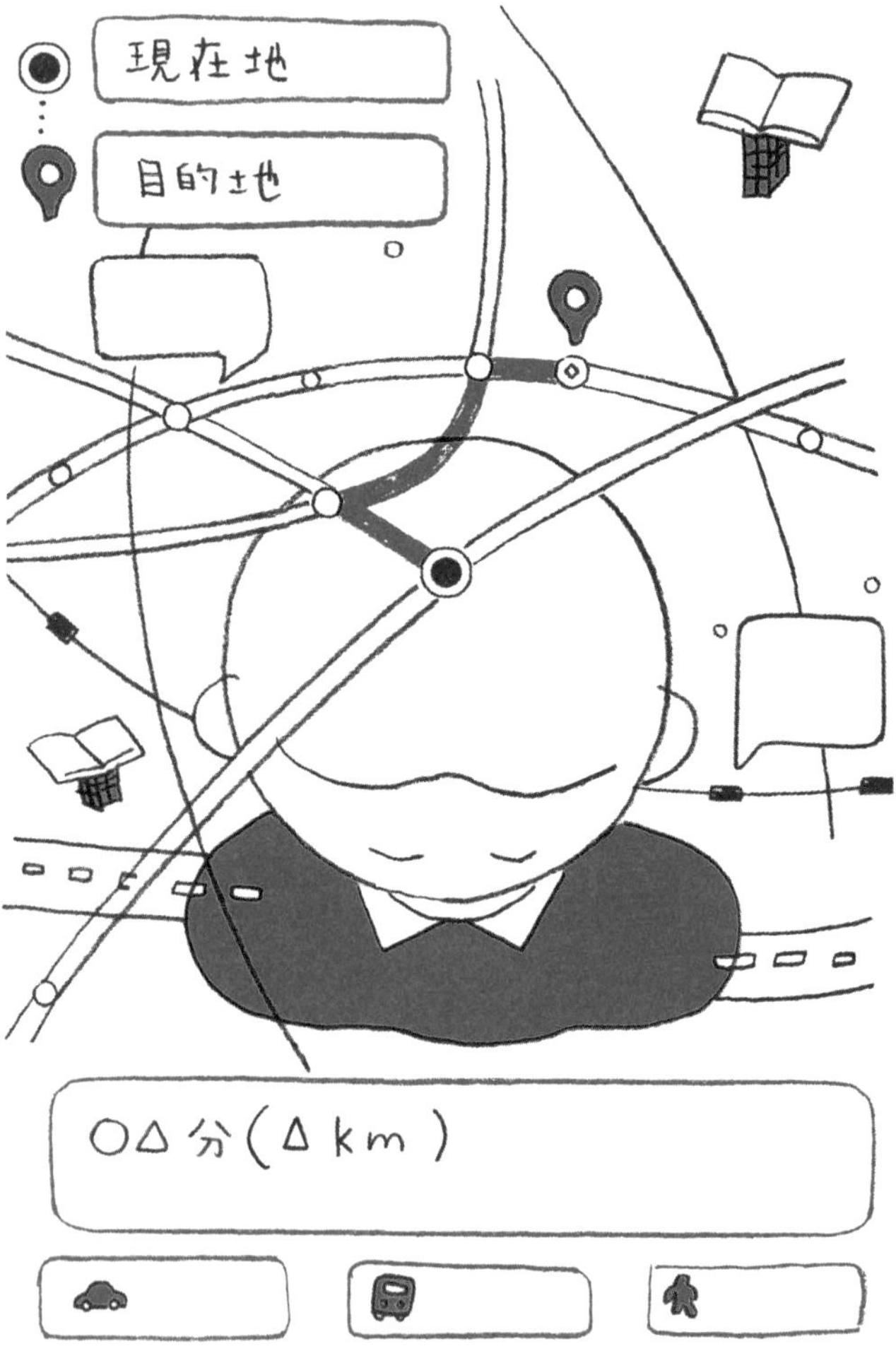

自分がグーグルマップになる

なって、摩天楼《まてんろう》群を真上から見下ろし、入り組んだ迷路の全体像が見えてくるから、と。そして、どの道をどう通っていけば、自分の望む地点に到達《とうたつ》できるか、おもしろいくらいに見えてくるから、と。それはあたかも、人工衛星から地球を見下ろす、グーグルマップになったかのような光景のはずです。

あるいはこんな言い方もしています。

同じレントゲン写真でも、わたしたちの見るレントゲン写真と、医師の見るそれとがまったく違《ちが》っているように、大量の読書経験を積めば、世界の見え方がまるで変わってしまう、と。

「教養を積む」とは、そういうことです。

日本語で〝教養〟と言うと、実生活には大して役に立たないけれど、知っているとちょっとかっこいいたくさんの知識、というようなイメージがあるかもしれません。

でも、哲学《てつがく》——物事の〝本質〟を深く考え抜《ぬ》き洞察《どうさつ》する学問——の世界では多くの場合、この言葉は、わたしたちがより「自由に生きるための知恵《ちえ》や知識」を意味します。ドイツ語のBildung《ビルドゥング》が、一般《いっぱん》に〝教養〟と訳される言葉ですが、この言葉には、わたしたちをより自由にしてくれる、精神的、人格的成長をもたらすもの、という意味が込《こ》められています。さらに、そのことを通して、この社会もまた、より自由で幸せなものになるように、という意味も。

本書でわたしは、読書によって世界の見え方がまるで変わってしまうとはどういうことか、どうすればグーグルマップになれるのか、お話ししたいと思います。いつもは大学生に語っていることですが、本書を手に取ってくれたみなさんであれば、中学生であっても、高校生であっても、(もしかしたら小学生であっても)、きっと興味を持って読んでもらえるだろうと思っています。そして、大いに役立ててもらえるに違いない、と。

「先生、最近、僕、グーグルマップになってきました!」

そんなことを言ってきてくれる大学生が、年に何人かいます。

読者のみなさんの中からも、そんなことを言ってきてくれる若い仲間が現れることを、わたしはとても楽しみにしています。

第1章

読書の効用

クモの巣電流流し

第1章では、まず読書の効用、つまり、読書をすればどんないいことがあるのかについて、お話ししたいと思います。

グーグルマップやレントゲン写真の比喩《ひゆ》に加えて、わたしはよく「**クモの巣電流流し**」の比喩についてもお話ししています。

クモの巣電流流し？

聞きなれない言葉だと思いますが、これは文字どおり、頭の中に〝教養〟のウェブ、つまりクモの巣状の知のネットワークを張り巡《めぐ》らせ、そこに〝閃《ひらめ》き〟の電流を流すことです。

わたしたちの人生は、いつだって試練だらけです。人間関係がうまくいかなかったり、お金がなくなったり、失恋《しつれん》したり、成績が伸《の》び悩《なや》んだり、ウツになったり、愛する人が亡くなったり……。

でも、そんな苦悩《くのう》の中にあっても、もしわたしたちの頭の中に〝教養〟がクモの巣のように張り巡らされていれば、ある時突然《とつぜん》、その**ネットワークに一筋の電流がほとばしり、あらゆる知恵《ちえ》や知識や思考が一つにまとまり、人生の難題を解決するための最適解が見出《みいだ》される**ことがあるのです。

そうか、いま、自分はこんなふうに問題を解決すればいいんだ！　こんな行動に出ればいいんだ！　そんな答えが、突如《とつじょ》として閃くのです。

「どんな壁《かべ》にぶつかったとしても、自分はちゃんと乗り越《こ》えられる」

〝教養のクモの巣〟を手に入れることができたなら、わたしたちはきっと、そんな自信もまた手に入れることができるはずです。

〝教養のクモの巣〟が役に立つのは、人生の苦難の場面だけではありません。

わたしのような学者は、日々、自分にとってどうしても解かなければならない切実な問題と格闘《かくとう》しています。

たとえばわたしは、哲学者《てつがくしゃ》として、「よい教育とは何か、それはどうすれば実現可能か」とか、「よい社会とは何か、それはどうすれば実現可能か」とかいった問題を中心に、「自由とは何か」「幸福とは何か」「愛とは何か」といったテーマにこれまで取り組んできました。

これらは本当にむずかしい問いです。でも、教養のクモの巣が頭の中に張り巡らされていれば、やはりある時、突如として電流がほとばしり、何をどう考えればこの問題が解けるのか、まるで目の前のスクリーンに答えが映るかのように、見えてくることがあるのです。

もちろん、それは偶然《ぐうぜん》の瞬間《しゅんかん》をただ受動的に待っているわけではありません。クモの巣の中には、電源ボタンもまたあって、「よし、そろそろこのボタンを押《お》したら答えが見えるぞ」というタイミングを、わたしはいつも待ち構えているのです。

将棋《しょうぎ》の一流棋士《きし》は、対戦中、次の最善の一手が瞬間的に閃くことがしばしばあるそうです。数学や物理学などの天才的な研究者も、問題を見た瞬間にその解き方がわかることがよくあると言います。

これは、プロフェッショナルたちの膨大《ぼうだい》な学習経験に基づくものです。人間の知性や心の働きを研究する認知科学に、「知識のチャンク化」という言葉があります。それがどのようなジャンルであれ、熟達者は、膨大な知識をかたまり（チャンク）にして脳内いっぱいに蓄《たくわ》えていて、必要に応じてそれらに瞬間的にアクセスできるらしいことがわかっています。まさに、クモの巣に電流が走るのです。

読書でも、同じようなことが起こります。一定以上の意義ある読書経験を積んだ人なら、

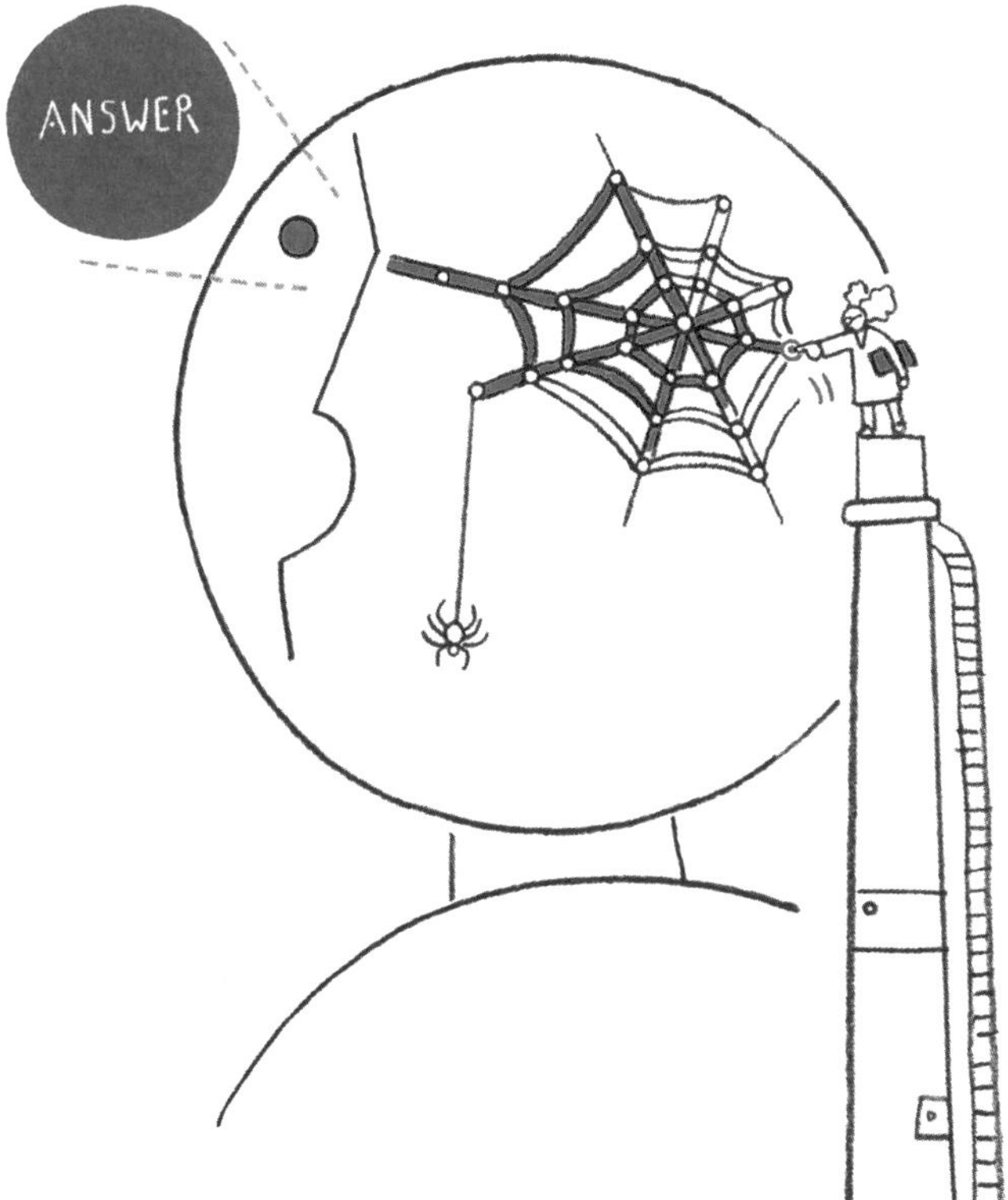

「クモの巣電流流し」とは

おそらくだれもが、〝クモの巣電流流し〟の経験をしたことがあるはずです。

道具としての知識

ここで大事なのは、むやみに知識をため込《こ》むのではなくて、クモの巣、つまり**知のネットワークを編み上げる**ことです。必要な時に電源ボタンを押せば、電流が流れて一本の筋が見えてくる。そんなネットワークを、縦横無尽《むじん》に張り巡らせることなのです。

どれだけ知識を頭につめ込んでも、それらがお互《たが》いに結ばれ、ネットワークになっていなければあまり意味はありません。認知科学によれば、テストのため（だけ）に覚えた知識は、テストが終われば90％くらい忘れられてしまうと言われています。認知科学者たちに言われなくても、みなさんにもきっと実感があるはずです。それはまさに、学んだことが、自分にとって意味ある知識としてネットワーク化されていないからです。

20世紀アメリカの哲学者、ジョン・デューイ（1895～1952）は、知識とは本来

〝道具的〟なものだと言いました。つまり、知識とは、わたしたちの現実生活において、何らかの問題を解決したり、欲求を満たしたりするためのものである、と。

言われてみれば（言われなくても）、当たり前の話です。でもわたしたちは、しばしば、知識はただ多ければ多いほどすごいことだという錯覚《さっかく》を抱《いだ》いてしまいがちです。

テストのために、教科書を丸暗記できてしまうような人は、それはそれですごいことです。でも、それがテスト以外の実生活でも本当に〝使える〟ものでなければ、何のための知識なのかわかりませんよね。大量のサバイバル道具を、いつもリュックに詰《つ》め込んでいながらも、実際に無人島に漂流《ひょうりゅう》した時にはそれらを使いこなせずオロオロしてしまう、なんてことでは、やっぱりあまり意味はないのです。

いろんな知識を、**自分にとって意味あるものとしてネットワーク化するために重要なのは、わたしたち自身の興味や問題意識**です。もちろん、テストへの関心も、知識獲得《かくとく》の一つの有力な動機ではあります。でもそれが長続きしないのは、さっきも言ったとおりです。

ギターがうまくなりたいと思う人は、名ギタリストたちの演奏を聴《き》き込んだり、動画を繰《く》り返し見たりするでしょう。ギター雑誌を読んだり、好きなギタリストについての記事を読んだりもするでしょう。

その過程で、みなさんは、知らないうちに、ギターや音楽の知識がたくさんたまっていたことに気がつくはずです。さらには、たとえばロックの歴史を通してアメリカの歴史を知ったり、速く正確に弾《ひ》けるようになりたくて人間の身体構造についての知識を得たり、ギター好きが高じて、木材についての知識が豊富になったりなんてこともあるかもしれません。ギターや音楽への興味を中心にして、さまざまな知識がネットワーク化されるのです。

「勉強の仕方がわかったぞ」（？）

わたしたち学者もまた、そのように、自分の興味や「どうしても解かなきゃいけない切実な問題」を中心に知識をネットワーク化しています。

わたし自身は、これからのより「自由で幸せな人間社会」をいかに構想するかという問題意識に動かされながら哲学を続けています。言いかえれば、この問題意識を中心にして、さまざまな知識をネットワーク化しています。

そのためには、哲学だけでなく、歴史学や経済学、人類学、社会学など、さまざまな学問もまた勉強しなければなりません。問題意識を中心にした学び（読書）にとって、学問の垣根《かきね》はあまり関係がありません。

このことに関して、わたしの師匠《ししょう》の哲学者、竹田《たけだ》青嗣《せいじ》（1947〜）のエピソードを、少しご紹介《しょうかい》したいと思います。

2017年、竹田は、哲学2500年の歴史を総覧した上で、その一番先頭を切り開くような大著『欲望論』第1巻、第2巻を出版しました。現在、第3巻が準備されているとともに、英訳プロジェクトも少しずつ進んでいます。世界中の哲学者たちに読まれるようになれば、この本が、いまのところ哲学をもっとも先まで押し進めたものであることが、きっと理解されるはずだと思っています。

哲学は、長い間、戦争はどうすればなくせるかとか、よい社会とはどんな社会かとかいったテーマを探究し、そして実際に人間社会を力強く構想してきました（現代の民主主義社会を考え出したのも哲学者たちです）。でもいま、そんな哲学は、残念ながら死にかかってしまっています。細かく専門分化したり、「たしかなものなんて何もない」といった相対主義に飲み込まれたりして、人や社会の未来を力強く構想する力を失ってしまっているのです。

でもこの本が理解されれば、これからの人間や社会の希望を切り開くために、哲学がいまなおどれほど大きな可能性を持っているかということもまた、存分に理解されるはずだと考えています。

と、それはともかく、竹田がこの本を執筆《しっぴつ》していた頃《ころ》、わたしにこんなことを語ってくれたことがありました。

「一徳《いっとく》、わたしはやっと勉強の仕方がわかったんだよ」

「ええっ？　何か二重三重にツッコミたいんですけど……まあ、とりあえず聞かせてください」

「哲学、経済学、社会学、人類学、歴史学、その他諸々《もろもろ》、とにかく、全部読むんだ」

「いやいや先生、それ、先生が若い頃からずっとやっていたことじゃないですか。というか、齢《よわい》70にしてやっと勉強の仕方がわかったって、いったい……」

と、そんなふうにツッコミを入れながらも、わたしは、やっぱりこの人はものすごい天才だなぁと改めて思いました。いくつになっても、学ぶことを決してやめない。赤ちゃんのように、学ぶよろこびを忘れることがない。

竹田の元には、「どうしても解かなきゃいけない切実な問題」を抱《かか》えた若い哲学徒たちが何人も集まっています。哲学で食べていくのは至難のことですので、若い頃のわたしもそうでしたが、みんな将来に大きな不安を抱えています。それでも、哲学せずにはいられない人たちが何人も集まり、日々共に勉強し、議論を交《か》わし合っています。

竹田はそんな弟子たちに、とにかく膨大な数の哲学書を読み、詳細《しょうさい》なレジュメを作り、竹田と議論するという修行を課します。古代ギリシアの哲学者プラトン（前427〜前347）から、最新の現代哲学まで、主要な哲学書はほぼ全部「食べるように読む」のが竹田の弟子たちの日常です。

そんな日々を続ける中で、弟子たちはいつしか、頭の中に〝教養のクモの巣〟が張り巡らされていることに気づきます。そしてそれを頼《たよ》りに、「どうしても解かなきゃいけない切実な問題」を、ちゃんと解き明かすことができるという確信をつかんでいくのです。

さっきも言ったように、竹田にも、わたしたち弟子の多くにも、これからのより自由で幸せな人間社会をいかに構想するかという問題意識があります。

そのためには、哲学だけでなく、あらゆる学問を勉強しなければなりません。初めて勉強する学問分野のことは、そう簡単には理解できませんから、まずは信頼《しんらい》できる入門書などをたくさん読むところから始めたりもします。続いて、各分野の古典的名著と呼ばれるものから、現代の定評ある研究者の著作まで、できる限り読んでいくようにします。経済

教え子も驚く「ヘウレーカ!」

学や社会学など、他領域の専門家との研究会もひんぱんに開催《かいさい》しています。

と、そんなわけで、「哲学、経済学、社会学、人類学、歴史学、その他諸々、とにかく、全部読むんだ」という竹田の言葉は、竹田の弟子たちみんなに共有されている勉強法なのです。

にもかかわらず、齢70にして、「わたしはやっと勉強の仕方がわかったんだ」だなんて、いったいどういう了見《りょうけん》なのでしょう?

おそらくこれは、勉強の仕方がわかったと言うより、これまでの勉強によって編み上げられてきた頭の中の〝教養のクモの巣〟に、まさに強烈《きょうれつ》な電流が走ったということだったのではないかとわたしは思います。哲学の最先端《さいせんたん》を切り開き、人と社会の未来に本当の意味で資する哲学をよみがえらせるための道が見えたぞ、と。

「ヘウレーカ！（わかったぞ！）」

そんな電流が、竹田の頭の中に鮮烈《せんれつ》に光ったのにちがいありません。

境界を突破する

専門分野を超《こ》える、という話で言えば、竹田とも親しい社会学の泰斗《たいと》で、わたしもとても尊敬している見田宗介《みたむねすけ》さん（１９３７〜）のこんな言葉があります。

近代の知のシステムは、専門分化主義ですから、あちこちに「立入禁止」の札が立っています。「それは〇〇学のテーマではないよ。そういうことをやりたいのなら、他に行きなさい。」「××学の専門家でもない人間が余計な口出しをするな。」等々。学問の立入禁止の立て札が至る所に立てられている。しかし、この立入禁止の立て札の前で止まってしまうと、現代社会の大切な問題たちは、解けないのです。そのために、ほんとうに大切な問題、自分にとって、あるいは現在の人類にとって、切実にアクチュアルな問題をどこまでも追求しようとする人間は、やむにやまれず境界を突破《とっぱ》するのです。（『社会学入門――人間と社会の未来』８頁《ページ》）

やむにやまれず境界を突破する。グッとくる言葉です。

狭《せま》い専門分野の中で、それをひたすら掘り下げていくことも、もちろんすばらしいことです。でもそれだけを続けていると、いつか限界に突《つ》き当たってしまうこともあるのではないかとわたしは思います。

それはいわば、小さな枝の先に、まるで繭《まゆ》のように細かく精巧《せいこう》なクモの巣を張るようなものだからです。

その網《あみ》に近づいた虫（知識）は、確実に捕《とら》えられるかもしれません。でもその巣の周りには、本当はもっとたくさんの、そしてもっと多種多様な虫（知識）たちが飛び回っているのです。そんなたくさんの虫（知識）たちもまた、できるなら一網打尽《いちもうだじん》にしたいものだとわたしは思います。そのほうが、わたしたちの頭の中のクモの巣には、より強力な電流が流れてくれるにちがいありません。

２０１０年に、「軸《じく》の時代Ⅰ／軸の時代Ⅱ　いかに未来を構想しうるか」という、いまや伝説になっているシンポジウムが東京大学で開催されたことがありました。師匠の竹田青嗣も登壇《とうだん》することになっていたこともあり、当時大学院生だったわたしも参加しました。この時、基調講演をされたのが、見田宗介さんでした。会場に入りきらないほどの人が集まっていたため、いくつかの教室で中継《ちゅうけい》もされていたように記憶《きおく》しています。衝撃的《しょうげきてき》な講演でした。基調講演は1時間の予定だったのですが、見田さんは、30分過ぎても、40分過ぎても、まったく話を終える気配を見せないのです。スタッフが「終了です」というパネルを会場の後ろから何度も見せているのに、まるで意に介《かい》さず、よどみなく話し続ける。おまけに、「そうそう、これもおもしろい話なんですけどね」と、次から次へと脱線《だっせん》するのです。

結局、用意されたレジュメの半分も終えることなく、講演はかなりの時間延長して終了しました。

が、そこにいた人の多くは、この長引く講演を、むしろ喜んでいたのではないかと思います。次から次へと繰《く》り広げられる見田さんの話は、まさに、見田さんの頭の中の〝クモの巣〟を見せてくれるようなものだったからです。

ああ、この碩学《せきがく》は、こんな知識と思考の宇宙を頭の中に持っているんだなぁ。この時わたしは、まるで自分もその宇宙の中に招待してもらえたような喜びを感じていました。

話のついでに、社会学者と言えば、長く研究会などでもご一緒《いっしょ》させていただいている、また別の、ある著名な社会学者の方のたまげたエピソードも紹介したいと思います。

見田さんに負けず劣《おと》らず超《ちょう》碩学のこの方は、一度読んだ本はほとんど記憶《きおく》してしまうくらいの記憶力の持ち主で、分厚い課題文献《ぶんけん》を読んできて議論するような研究会の時にも、本を開かずとも、その内容や文章についてすらすらと語られます。さらには、その本についてこちらがどんな問いを投げかけても、一瞬《いっしゅん》も言いよどむことなく、滔々《とうとう》と、立て板に水で答えられるのです。聞いた話では、口述筆記で本を書く時も、「〜〜〜ここで点（読点）、〜〜〜点、〜〜〜マル（句点）」などと、1冊分をすでに完成した文章にして話されるので、ライターさんはほぼ文字起こしをすればいいだけなのだとか。

たまげたと言いますか、仲間たちと驚《おどろ》きのあまり笑ってしまったのは、ある研究会で、参加者の一人が所用で途中退席しなければならなくなった時のことでした。

研究会の会場だった都内某所《ぼうしょ》から、神奈川県のある駅まで向かう必要があった彼に、その社会学者の方は、やはり一瞬も言いよどむことなくこう言われたのです。

「その駅なら、ここから○○線に乗って□□駅に行き、そこから△△線に乗り換えて××駅に行き、そこから◎◎線に乗り換えて■■駅へ行き、そこから……」

思わず、何人かで顔を見合わせて笑ってしまいました。この人は、あらゆる学問に精通しているだけでなく、首都圏の路線図まで頭に入っているのか！　と。

竹田や見田さん、また、こんな超人的記憶力の持ち主の話などを聞くと、彼我《ひが》の差に圧《あっ》倒《とう》されて、かえって勉強（読書）する意欲を失ってしまうかもしれません。自分はとてもそうはなれない、と。

でも、どうか意気沮喪《いきそそう》せず、この本を最後まで読んでもらえると嬉《うれ》しいです。わたしの考えでは、**だれだって、教養のクモの巣を持つこともグーグルマップになることも可能です。大事なのは、自分の人生を導いてくれるマップを手に入れること**であって、だれもが天才学者になる必要があるわけではありません。そしてそんなマップであれば、だれだって、読書を通して手に入れることができるはずなのです。そのための読書法を、本書では存分にお伝えしたいと思っています。

もちろん、もし読者の中に、竹田や見田さんのような天才学者をめざしたいと思う方がいたとするなら、そんなみなさんにとっても、本書はきっと役に立つものになっているだろうと思います。竹田や見田さんだって、結局のところ、本書で書くような勉強（読書）を地道に続けてきただけだからです。「幾何学《きかがく》に王道なし」とはかのユークリッド（前3世紀頃）の言葉ですが、学問にも読書にも王道（安易で特別な方法）はありません。逆に言えば、本書で書くような読書を、地道に、そして楽しんで続けていれば、だれだってきっとグーグルマップになれるはずなのです。

読書もまた一つの〝経験〟

さて、でもここまで読んで、もしかしたらこんなふうに思われた方もいるかもしれません。

読書がわたしたちをグーグルマップにするということはわかった。でもそうは言っても、どんな読書も、結局のところ〝豊かな経験〟にはかなわないんじゃないの？　本ばかり読んで、実体験が貧しい人間なんていくらでもいるよね？

たしかにおっしゃる通りです。自らの〝経験〟からこそ、わたしたちは多くを学び取るものです。「本ばかり読んで、実体験が貧しい人間なんていくらでもいるよね？」という言葉は、多くの読書家にダメージを与《あた》えるのに十分な言葉です。

先にも少し紹介したジョン・デューイは、「1オンスの経験は1トンの理論に勝る」という有名な言葉を残しています。泳げるようになるためには、どうしたって水の中に飛び込まなければなりません。水泳の理論書だけ読んでいたって、泳げるようにはならないのです。

でもその一方で、次のようにも言わなければなりません。

読書もまた、一つの〝経験〟であるのだと。そしてそれは、わたしたちの直接的な経験を広げてくれる限りにおいて、きわめて〝豊かな経験〟と言うべきなのです。

わたしたちが直接経験できることは、残念ながらごくわずかにすぎません。自分が生まれた国や地域や置かれた環境《かんきょう》に、わたしたちは経験も思考も多かれ少なかれ限定されて生きています。どれだけ世界中を飛び回っている人も、この世界の何もかもを見聞きすることなどできません。

でも、もし望むならば、わたしたちはそんな**直接経験の世界を読書によって広げることができる**のです。

水泳の理論書だけを読んでいても、たしかに泳げるようにはなりません。でも、もしわたしたちが、もっと速く、また上手に泳ぎたいと願うなら、その理論書を読む経験は、まさに直接経験を拡張してくれる〝豊かな経験〟になるにちがいないのです。

もう一点、直接経験については注意しておきたいことがあります。

豊かな直接経験は、たしかに何ものにも代えがたい貴重なものです。でもその経験こそが、時にわたしたちの視野を狭《せば》めてしまうこともあるのです。

たとえば、みなさんが運動部に所属していたとして、その顧問《こもん》の先生だったり監督《かんとく》だったりが、「自分はこの練習方法で、若い時に地域大会優勝を成し遂《と》げたんだ。だからみんなにもこの練習をみっちりやってもらう」なんて言ったとしたらどうでしょう？

もちろん、それがうまくいく場合もあるでしょう。でもその練習方法は、もしかしたら、たまたまその先生に合っていただけなのかもしれません。いまの中学生や高校生には通用しないかもしれないし、そもそも、その先生にとってだって、もっといい練習方法があったかもしれないのです。

このような考え方を、わたしは「**一般化《いっぱんか》のワナ**」と呼んでいます。自分が経験したことを、まるですべての人にも当てはまることであるかのように、過度に一般化してしまう思考のワナです。

このような「一般化のワナ」は、日常生活のいたるところに潜《ひそ》んでいます。「学校の先生なんてみんな○○だ」とか、「これだから男（女）は□□なんだ」とか、「日本人は△△だ」とかいった言い方も、文脈によっては「一般化のワナ」に思い切り陥《おちい》ってしまった言い方です。自分がこれまでに出会ったり見聞きしたりした先生、男性（女性）、日本人の例を、すべての先生、男性（女性）、日本人に当てはまることであるかのように、過度に一般化してしまっているのですから。

読書は、そんなわたしたちの視野をうんと広げる役割を果たしてくれます。少なくとも、自分の経験を超えた世界をたくさん知ることで、安易な一般化は慎《つつし》めるようになるはずです。先の部活の監督も、スポーツ指導の最新研究について書かれた本を何冊か読めば、自分の経験を過度に一般化することはなくなるかもしれません。

もちろん、読書のせいで頭でっかちになって、ますます「一般化のワナ」に陥ってしまうなんてことも、ないわけではないかもしれません。

でもそれは、たぶん、むしろ読書の量や深さがまだ足りていないからなのです。

読書によっていくらか知識が豊富になると、わたしたちはついつい、物知り顔で人に何かを語りたくなってしまいます。でも本当は、その知識はひどく断片的だったり、表面的なものだったりもするのです。読書を積む過程で、かえってその断片的な知識を一般化してしまってはいないか、わたしたちは十分自覚的である必要があるでしょう。

「一般化のワナ」に注意

古代ギリシアの哲学者、ソクラテス（前469頃〜前399）の哲学に、「不知の自覚」（無知の知）という有名な言葉があります。

ソクラテスの友人に、カイレフォンという青年がいました。彼はある時、デルフォイという聖域にあったアポロン神殿《しんでん》に行き、ソクラテス以上の賢者《けんじゃ》はいるかと訊《たず》ねました。

神託《しんたく》を授《さず》かる巫女《みこ》は、こう答えました。

「ソクラテス以上の賢者はいない」と。

それを聞いて驚いたソクラテスは、いやそんなはずはないと、国中の賢者たちのもとを訪れ対話することにします。

が、その過程で彼《かれ》は気がつくのです。どの賢者も、自分が何でも知っているかのように振《ふ》る舞《ま》っているが、でも実際のところ、彼らは、徳とは何か、正義とは何かといった本質的な事柄《ことがら》について、本当は何も知らないのだ、と。しかも驚くべきことに、自分が知らないというそのことにさえ、彼らは気づいていない。その意味では、わたしは少なくとも、自分が何も知らないということは自覚している。そうソクラテスは考えるに至ったのです。

読書は、たしかにわたしたちをグーグルマップにしてくれます。頭の中に、教養のクモの巣を張り巡らせてくれます。

でも、**読書経験を積めば積むほど、この世はまだまだ知らないことだらけ、わからないことだらけだということにも、わたしたちは否応なく気づかされる**はずです。

そんな「不知の自覚」の謙虚《けんきょ》さを、わたしたちは忘れてはならないでしょう。ソクラテスが言うように、それこそが〝賢者〟の条件なのだろうとわたしは思います。

言葉をためる、交わし合う

大学に入学してきたばかりの大学1年生に、わたしはよくこんな話もしています。

高校時代までは、「やばい」とか「エモい」とか言っていれば、仲間内でコミュニケーションができたかもしれない。でも、大学生になったり、社会人になったりすれば、もうそれは通用しないのだ、と。

この社会には、世代も文化も、価値観も感受性も、自分とはまったく異なる人たちがたくさんいます。社会に出れば、多くの人は、そんな多様な人たちとのコミュニケーションの場に否応《いやおう》なく投げ出されます。

それはつまり、ただ「やばい」とか「エモい」とか言うのではなく、何がどう「やばい」のか、「エモい」のか、言葉を尽《つ》くして伝えられるようになる必要があるということです。

いや、それは本当は、小中学生の頃から大事なことです。

何か言いたいことがあっても、それがうまく言葉にならないことにイライラした経験は、多くの人が持っているのではないかと思います。

だれかとのいざこざや喧嘩《けんか》の際、それは特に大きな問題をもたらしてしまうことがあります。お互いに、言葉を尽くして話し合えば理解し合えたかもしれない、落としどころを見つけられたかもしれないのに、その〝言葉〟が見つからないために、イライラしてつい暴力や安易な暴言などに訴《うった》えてしまうことがあるのです。小さな子どもが癇癪《かんしゃく》を起こして暴れ回るのは、多くの場合、イライラを言葉にして言い表すことができないからです。

逆に言えば、もし**わたしたちが十分な言葉を持っていたなら、異なる他者との間に、より深い了解関係を築ける可能性が格段に高まる**ということです。

そのためにも、わたしたちは〝**言葉をためる**〟必要があります。自分の考えを、また感情を、もっとも的確な言葉に乗せて伝えられるように、たくさんの言葉を知る必要があるのです。

そのためのもっとも有効な方法が、やはり読書です。

読書がすぐれているのは、試験のために単語カードを1枚1枚暗記するようなこととは違って、言葉を文脈の中で学んでいくことができる点にあります。なるほど、このような文脈において、こんなことが言いたい時は、この言葉を使えばいいんだな。そんなことを、わたしたちは読書を通して自然と学び取っていくことができるようになるのです。

言葉というのは不思議なもので、自分の中に十分にたまって、いわば器からあふれるほどになれば、あとは自然と、口からすらすら出てくるだけ、という状態になるものです。あるいは、文章としてどんどん紡《つむ》がれていくだけ、というような状態に。

それまでは上手にしゃべれなかった大学生が、読書を積むことで、1～2年後には見違えるほどの言葉の使い手になった例を、わたしはたくさん見てきました。

もちろん、吃音《きつおん》やディスレクシア（読み書き障がい）など、言葉に関する障がいを持つ人も大勢いますから、このことを過度に一般化してはなりません（一般化のワナですね）。でも、もしも何がしかの仕方で〝言葉をためる〟ことができれば、〝言葉があふれ出る〟

経験もまた、多くの人にきっと訪れるのではないかと思います。

ちなみにわたし自身は、幼い頃からかなり重度の過敏性腸症候群《かびんせいちょうしょうこうぐん》という一種の神経症に苦しめられていて、人前で話すことにはずいぶんと苦労してきました。

その名の通り、腸が超過敏で、ちょっとした不安や緊張《きんちょう》を感じただけで、お腹が痛くなって下してしまうのです。思春期の頃は、冗談《じょうだん》でなく1日に20回以上トイレに駆《か》け込んでいました。電車やバスや飛行機に乗るためには、決死の覚悟《かくご》を決めなければなりませんでした。

いま、月に何度も講演をしたり、テレビやラジオにも出たりしていますが、じつは本番前は、いつもお腹を下してずっとトイレに閉じこもっています（以前よりはずっとましになりましたが）。それでも、人前でお話しすることをいま比較的《ひかくてき》得意に思えているのは、やはり自分の中に〝言葉〟がたまっているからだと思います。言いたいことは的確に言えるし、何を聞かれてもだいたいはきっと答えられる。それだけの語彙《ごい》はためてきたし、それだけの思考は重ねてきた。そんな自信や安心感が得られているから、人前で話すことを楽しめるようになったのだろうと思います。

と、それはともかく、こうやって〝言葉をためる〟経験、また、その言葉を〝交わし合う〟経験を、わたしは多くの若い方たちにたっぷり積んでもらいたいと思っています。

繰り返しますが、それは世界の見え方がまるで変わってしまう、特別な経験になるにちがいないのです。

ネットじゃダメなの？

いやいや、でも、〝言葉をためる〟にしても、〝教養のクモの巣〟を張り巡らせるにしても、いまの時代、わざわざ本なんて読まなくていいんじゃないの？　大量の言葉も情報も、インターネットの中にいくらでも転がっている。だからわたしたちは、取り立てて読書にこだわる必要はないんじゃないの？

そう思われた方もいるかもしれません。

もちろん、時と場合によっては、ネットからの知識や情報の入手で十分だとわたしも思います。とりわけ、ピンポイントで断片的な知識や情報を素早く手に入れたい時は、ネットのほうが圧倒的に便利です。

でも、本とネットの情報や記事との間には、じつは決定的な違いがあるのです。

まず、これは形式的な話ですが、多くのネット上の文章が十分な検証を経ていないのに対して、本の場合は、編集者や校閲《こうえつ》者による厳しいチェックを経ているという点が挙げられます。

編集者は、著者の頼《たの》もしい伴走《ばんそう》者です。著者の書きたいことを、読者にもっと十分に伝えるためにはどんな文章や構成にすればいいか、もっと内容を深めるにはどうすればいいか、著者とともに考えたり、アイデアを出したりしてくれる存在です。

その過程で、時に著者と激しくぶつかり合うこともあります。よい本を作りたいという思いは同じですから、その点、著者に対する忖度《そんたく》や妥協《だきょう》はありません。1冊の本は、しばしば著者と編集者の〝戦い〟から生まれるのです。

このことについて、わたしには忘れられない思い出がいくつもあります。

自分の書いたものが、いくつかの雑誌などにようやく載《の》り始めるようになった、20代後半のまだ駆け出しだった頃のことです。

その時期、わたしの担当を務めてくださっていた編集者さんも、まだ社会人1年目の駆け出しの方でした。

毎月の連載原稿《れんさいげんこう》を書く中で、ある時、その担当者さんと意見の違いから激しくぶつかったことがありました。お互いに一歩も引かず、しばらく険悪な雰囲気《ふんいき》が続きました。

そんなある日のこと、長らくお世話になっていた、文芸評論家で、当時早稲田《わせだ》大学の教授だった故・加藤典洋《かとうのりひろ》先生（1948〜2019）と、そのゼミの学生さんたちと、居酒屋に飲みに行く機会がありました。

話の流れで、わたしは、いま編集者さんと原稿についてもめていて……という話を加藤先生に切り出しました。そして、「でもこれについては、やっぱりこう書くしかないんです」と言ったのです。

すると加藤先生は、持っていたグラスを静かにテーブルに下ろすと、突然、語気を荒《あら》げてこうおっしゃったのです。

「一徳、文章をなめるな！」

その場にいた全員が仰天《ぎょうてん》しました。いつも温和な加藤先生が、いったいどうしたのかと。

加藤先生はこう続けられました。

どんな読者にも、五分の魂《たましい》がある。編集者であればなおのこと、文章を読む仕事には魂を込めている。その声を、つねに、胸をいっぱいに広げて、聞け。「こう書くしかない」などと言ってはならない。自分を開いて、傷ついて、何度も何度も書き直す。それが文章を書くということなのだ、と。

生前の加藤先生からは、わたしの人生に大きな影響を与える〝言葉〟をたくさんいただきました。その中でも、この時の〝言葉〟は決して忘れることができないものです。

その1年後くらいだったでしょうか。ある編集者さんから、中高生向けの本のオファーをいただきました。のちに『勉強するのは何のため？』（日本評論社）というタイトルで出版されることになる本です。

それまでにわたしが書いてきたのは、学術的な論文や本ばかりでしたので、一般の読者、それも中高生向けの本を書くのは、初めての経験でした。

本当に、苦労しました。それこそ、担当編集者さんとはある意味で〝戦い〟です。編集者さんも、当時はまだ20代の、わたしよりも若い方で、いわばものすごくイキがいい。もっとわかりやすく書けるはず。もっとおもしろく書けるはず。編集者さんの期待を込めた叱咤《しった》激励《げきれい》を、わたしは、それこそ胸をいっぱいに広げて、これでもかというくらい全部自分の中に飲み込んでいきました。

結果、わたしはその本の原稿を、まるまる3回、全部書き直すことになりました。文字どおり、最初から最後まで、全部です。

本は格闘の末、完成する

文章をなめるな！　自分を開いて、傷ついて、何度も何度も書き直す。それが文章を書くということなのだ。――加藤先生の言葉が、この時ずっと、わたしの頭には鳴り響《ひび》いていました。

この本は、いまも多くの方に読み継《つ》いでいただいている、わたしにとってもとても大切な、忘れられない1冊です。加藤先生の叱咤と、編集者さんとの〝戦い〟のおかげだと思っています。

以来、わたしはどんな原稿も、まるまる3回は全部書き直す覚悟で執筆《しっぴつ》に取り組んでいます。本当に伝えたいことを、本当に伝わるように書くとはどういうことか。編集者さんとは、そのことをとことん考え合うようにしています。

ついでながら、わたしの最初の本は『どのような教育が「よい」教育か』（講談社）という本で、執筆にとりかかったのは30歳《さい》手前の頃でした。

当時まったくの無名だったわたしを見つけてくださったのは、この本の担当編集者さんでした。

講談社の名物編集者さんで、その後、何冊もお世話になりましたが、学者顔負けの博学で、わたしもずいぶん、「一徳くんは本当に教養がないねぇ」とか、「えっ、フランス語も読めないの？」とか言われてバカにされました。そうやってこき下ろすことで、発奮して成長するだろうと思われたのでしょう。

それはまさに、その通りだったわけです。

前にも少し言ったように、哲学で食べていくのは至難のことで、当時のわたしは、結婚《けっこん》して子どもも生まれたばかりでしたが、大学では任期付きの助手という立場で、将来がいったいどうなってしまうのか、大きな不安の中にありました。

そんな中、わたしを見つけてくださった編集者さんは、わたしにとっては文字どおり〝拾いの神〟であり、また〝育ての親〟でもある方です。そうやって、新たな著者を見つけ、鍛《きた》え育てることもまた、すぐれた編集者の仕事なのだろうと思います。

本を作るにあたっては、編集者だけでなく、校閲者の存在もとても重要です。

校閲とは、誤字脱字《だつじ》や言葉遣《づか》いなどのチェックだけでなく、書かれてある内容の事実確認なども行う仕事です。

たとえば、原稿に西暦《せいれき》や地名などが出てくれば、それが正確かどうか、校閲者は必ずチェックします。文献《ぶんけん》の引用をする場合、その引用のページ箇所《かしょ》が合っているかとか、正確に引用されているかとかもチェックしてくれます。

ある本の中で、ある哲学書の第何章だったかについて要約した際は、校閲者の方が、その要約の仕方が正確かどうかまでチェックしてくださったこともありました。「えっ？ってことは、この章、わざわざ全部読んだってこと？」と、その時は本当にたまげました。そう簡単には読めない、難解な哲学書だったからです。

昨今の出版不況《ふきょう》の事情もあって、それほどの手間暇《ひま》をかける余裕のない出版社も、残念ながらあるかもしれません。何のチェックも受けていないネット記事と、大してレベルが違わないように思われる本もないわけではありません。でも、**1冊の本には、多くの場合、何人もの人の情熱や知が注がれているのだ**ということを、みなさんにはぜひ知っておいていただけると嬉《うれ》しく思います。もちろん、その最終的な責任が著者にあることは、言うまでもありませんが。

"構造"をとらえる

本とネット記事との間には、もう一点、より重要な違いがあります。

先述したように、断片的な知識や情報を素早く手に入れたい時は、たしかにネットのほうが圧倒的に便利です。でもそれは、文字どおり断片的であることが多く、その背景を含む**知の〝構造〟を手に入れること**は困難なのです。

ここで〝構造〟と言うのは、第一に、先述した〝教養のクモの巣〟のことと考えてもらえばよいでしょう。

たとえば、17世紀フランスの、近代哲学の祖とも呼ばれるデカルト（1596〜1650）に、「われ思う、ゆえにわれあり」という有名な言葉があります。この言葉は聞いたことがある、という人は、中高生のみなさんの中にもいるかもしれません。

でも、それは多くの場合、言葉だけは知っているという、まさに断片的な知識なのではないでしょうか。この言葉は何を言い表しているのか？　なぜデカルトはこのようなことを言ったのか？　そこにはどんな時代背景があったのか？　後世にどんな影響を与えたのか？　なぜ、いまなおきわめて重要な言葉と言えるのか？　――こうした問いに答えようと思ったら、やはり〝教養のクモの巣〟が張り巡らされていなければなりません（もしこの言葉の意味を知りたいという方がいらっしゃったら、先に紹介した拙著《せっちょ》『勉強するのは何のため？』や『はじめての哲学的思考』などをお読みいただけると幸いです）。

そのためには、断片的な知識が得られるネットの記事だけでなく、ある程度の〝長さ〟を持った本をたくさん読むしかないのです。ネット上の文章だけで〝教養のクモの巣〟を手に入れることは、不可能ではないかもしれませんが、やはり本を読んだほうが圧倒的に有効です。

もう一つ、先の〝構造〟という言葉には、1冊の本の〝構造〟という意味を込めています。

哲学書を例にお話しすると、わたしは哲学書を読む際、次の3点をつねに意識しておくよう学生たちには伝えています。

―1―この本（著者）の問いは何か？

―2― どのような方法でその問いを解こうとしているか？
―3― 答えは何か？

特に哲学のような難解な本は、読者を容易に迷子にしてしまいます。断片的な言葉をとらえて、都合のいいように解釈したりしてしまうことも多々あります。

だから、右の3点をつねに手放さないことが重要です。**哲学的な本には、明示的であれ暗示的であれ、問いと方法と答えが必ず存在しており、それをしっかりつかみ取ることがもっとも大事なこと**だからです。本の〝構造〟をとらえるとは、そういうことです。

このように〝**構造**〟**をつかむ読書経験は、わたしたちが構造的に思考をし、表現する力もまた育んでくれます**。

構造的に思考をするとは、ありていに言うと、論理的に考え、表現することができるようになるということです。

と言っても、それは、A＝BでB＝CならばA＝Cである、といった、形式的な理屈《りくつ》を並べ立てることばかりを意味するのではありません。へ理屈を言って、相手を言い負かしたり、揚《あ》げ足をとったりすることが得意になるということでもありません。

何か伝えたいことがある時に、どのような根拠《こんきょ》をもって、どのような順序で、どのような言葉を使って論じればもっとも効果的に伝わるか、といったことも含めて、広い視野で考えられるようになる、ということです。

小説も含め、多くの本を読んでいると、それらの本がどのような〝構造〟によって著者の言いたいことを効果的に伝えているかがつかめるようになります。「なるほど、こんな導入の仕方で、読者の興味を引きつけているんだな」とか、「ほお、ここでいったん小休止を入れて、クライマックスに向けて読者に心の準備をさせているんだな」とか、「くぅ～っ、ここでこの言葉を使うか～」とか、著者が、何をどう考え、人にどう伝えようとしているかということが見えてくるのです。

そんな読書を続けていると、知らず知らずの間に、そうした構造的な思考がわたしたちの頭の中にインストールされていきます。そしてそれは、**わたしたちが何かを話したり書いたり表現したりする時の、最強の武器になってくれる**のです。

市民としての読書

エマニュエル・トッド（1951〜）という、わたしも好きな歴史学者が、「市民としての読書」ということを言っています（『エマニュエル・トッドの思考地図』）。なるほど、大事な観点だなと思いましたので、そのことについても少し触《ふ》れておきたいと思います。

市民、というのは、○○市に住んでいる○○市民、ということではなく、わたしたちが暮らすこの市民社会における、社会の作り手としての市民のことです。市民社会という言葉にはいろんな意味がありますが、ここでは、「民主主義社会」とほぼ同じ意味、つまり、王様などが支配する社会ではなく、人びとがお互いを対等に自由な存在同士として認め合い、共に作り合う社会のことと考えていただければと思います。

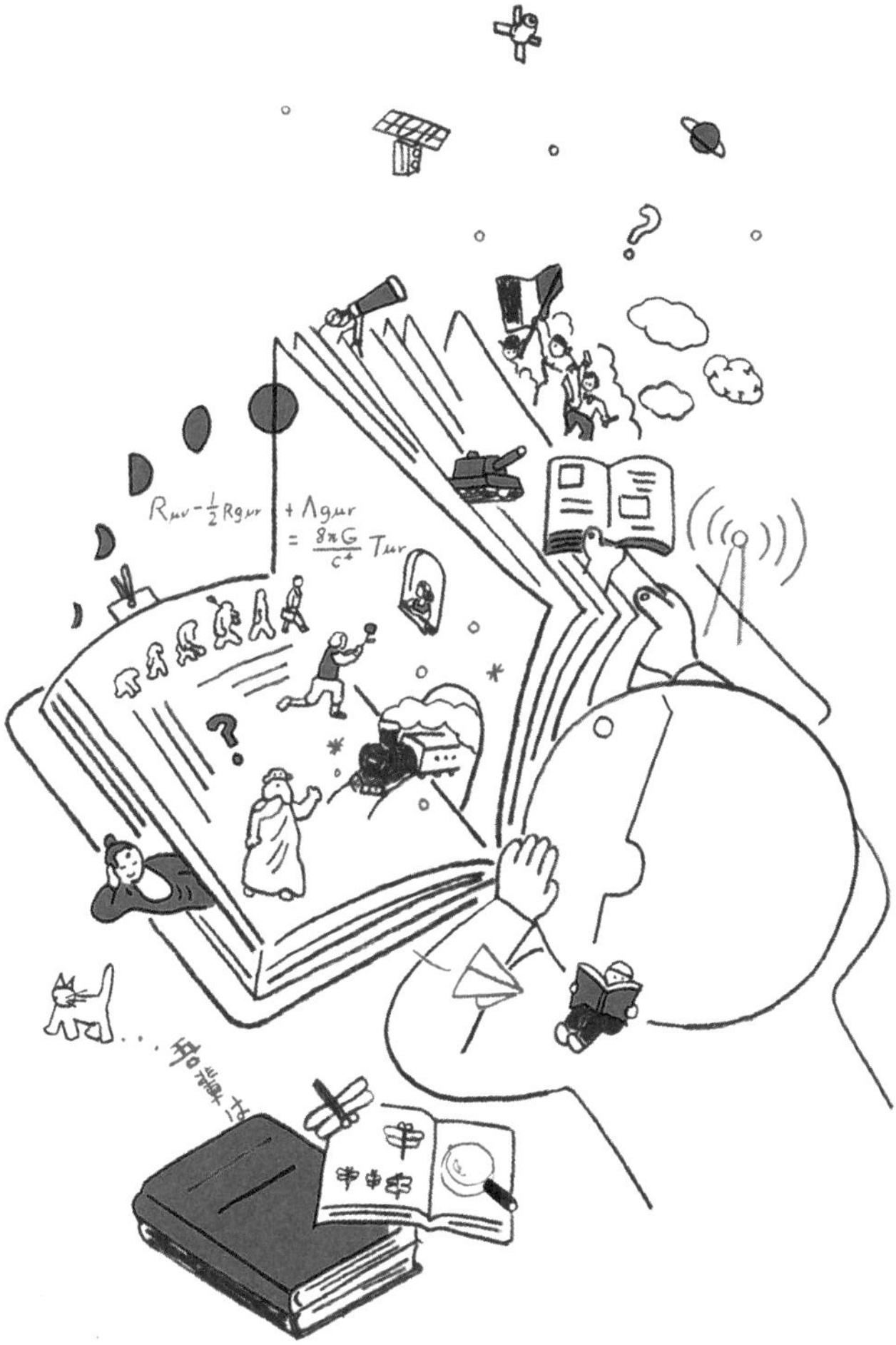

本を通して知る、世界や社会

「市民としての読書」とは、そんな市民社会、民主主義社会の担《にな》い手としての〝教養〟を積むための読書です。

民主主義は、うっかりしていればすぐに崩《くず》れ去ってしまうような脆さを抱えています。権力者の中には、市民の自由を奪《うば》って好き勝手したいと思う人もいるでしょう。あるいは、もし貧富の格差が広がれば、わたしたちの間に〝対等な市民〟という感覚は薄《うす》れてしまうことになるでしょう。そうなれば、民主主義は根元から腐《くさ》っていってしまいます。

だからわたしたちは、権力者をちゃんと監視《かんし》したり、貧富の差を拡大させないための政策などについて、ちゃんと知ったり考えたりする必要があるのです。トッドが言う「市民としての読書」は、そんな**市民社会、民主主義社会の担い手として、わたしたち一人ひとりがこの社会のことをより深く考えるための読書**なのです。

とは言っても、社会のことに興味なんてない、考える余裕《よゆう》なんてない、という方も、きっと少なくないだろうと思います。何を隠《かく》そう、わたしも中高生の頃は、自分のことに精《せい》一杯《いっぱい》で、社会の問題などにはほとんど関心がありませんでした。

でも、この市民社会には、やっぱり成熟した市民たちが必要なのです。この社会をよりよいものにするにはどうすればよいか、そのことを考え合える、成熟した市民たちが。

考えてみれば、みなさんも、お小遣《こづか》いやバイト代で何かを買う時は消費税を払《はら》っていますよね。バイト代が一定の額を超《こ》えれば、所得税や住民税も払わなければなりません。その税金が、何にどんなふうに使われているのか、適正に配分されているのか、もっと知りたいとは思わないでしょうか？

わたしたちの人生は、結局のところ、どんな社会で生きるかに大きく左右されます。社会のことを知り、よりよいものへと作り合うことは、わたしたちの人生をより豊かなものにすることに直結するのです。

だからぜひ、「市民としての読書」を積んで、みなさんがこの社会をどんなものにしたいか、考えてみてほしいと思います。18歳になれば、みなさんも選挙権を獲得します（すでに獲得している方もいるでしょう）。その時には、「市民としての読書」の経験を活《い》かして、その権利を大いに行使してほしいとも思います。

もちろん、市民として「社会を作り合う」方法は、投票以外にもたくさんあります。学校の理不尽《りふじん》な校則を改廃《かいはい》するために声を上げることもそうかもしれません。若者の声を、署名を通して政治家に届けることだってそうでしょう。以前、わたしは「熊本市立高等学校等改革検討委員会」という、教育委員会に設置された会議の委員長を拝命していたことがあるのですが、そこには、何と高校生が二人、専門学校生が一人、委員として参加してくれていました。自治体の学校改革の会議に、高校生が関わったなんてすごいですよね。

そんな若者の社会参加の機会を、わたしたち大人はもっともっと豊かにしていかなければと思います。そうすれば、若い人たちの「市民としての読書」への動機も、きっとより高まるにちがいありません。

この章のまとめ

◆読書はわたしたちをグーグルマップにする

◆読書経験を積むことで「クモの巣電流流し」ができるようになる

◆言葉をためれば、異なる他者との間に共通了解を見出し合えるようになる

◆読書を通して、構造的な思考を鍛えることができるようになる

第2章

読書の方法

「投網漁法」から「一本釣り漁法」へ

第2章では、読書の方法についてお話ししたいと思います。わたしたちは、いったいどうすればグーグルマップになれるのか？　そのための具体的な読書法を、先人たちの知恵《ちえ》やわたしの経験、また、最新の認知科学やその下位領域とされる学習科学の知見なんかも取り込《こ》みながら、お伝えしていこうと思います。

とはいえもちろん、唯一《ゆいいつ》絶対の正しい読

書の方法があるわけではありません。ですからここでご紹介《しょうかい》する方法も、みなさんには大いに参考にしていただいた上で、さらに自分なりにどんどん改良していただければと思っています。最初はそのまま真似をしていただいてもいいとは思いますが、経験を重ねるにしたがって、もっと自分に合った読書法や、ノートの取り方などを、ぜひ編み出してみてください。

わたしたちがグーグルマップになるための読書法、その基本は、まず**「投網漁法《なげあみぎょほう》から一本釣り漁法へ」**である。そう、わたしはいつも学生たちに言っています。

〝投網漁法〟とは、文字どおり興味の網を思い切り広く投げて、それに引っかかるものを手当たり次第に引き寄せることです。

ノンフィクションだと、お手頃《てごろ》なのはちくま新書や岩波新書、講談社現代新書のような新書版の本です。中高生向けの、ちくまプリマー新書や岩波ジュニア新書、また、本書がその第一弾《だいいちだん》であるこの「ちくまQブックス」のようなシリーズもありますので、中高生のみなさんにはぜひこうした新書を読み漁っていただきたいと思います。

ある分野の専門家が、一般《いっぱん》の読者向けに比較的《ひかくてき》わかりやすく書いたものが多いのが新書の特徴《とくちょう》です。歴史、哲学《てつがく》、文学、自然科学、社会科学など、諸学問における何らかのテーマや、その学問の全体像が理解できるような本も多いですし、環境《かんきょう》問題や格差問題など、現代社会の問題の最前線について教えてくれるような本も豊富です。スポーツや音楽など、わたしたちの趣味《しゅみ》を豊かにしてくれるような本もたくさんあります。

まずはぜひ、書店や古本屋さんや図書館などの新書コーナーに行って、書棚《しょだな》を眺《なが》めてみてください。それから、背表紙を指でなぞりながら、1冊ずつざっと見ていく。そうすると、「あ、これ面白そう」という本がきっと見つかるはずです。

慣れてくると、書棚を眺めているだけで、本のほうから呼びかけてくるなんてことも起こります。「ほら、ここにあなたが読みたがっているわたしがいるよ」なんて具合に。声が聞こえてくる、あるいはそこだけが光って見える、なんてことが起こるようになるのです。

そうやってアンテナに引っかかった本を、買うなり借りるなりしてください。一度にたくさん買って、机に何冊も積み上げてもいいでしょうし、1冊読むごとに次の本を買ったり借りたりしてもいいでしょう。

ただ、机に何冊も積み上げていると、いわゆる積ん読（たくさんの本が読まずに置かれているだけの状態）になってしまったり、早く次の本に手を出したい欲求にかられて、いま読んでいる本をおろそかにしてしまったりすることもありますので、そのあたりは、経験を重ねながら自分なりの本との付き合い方を見つけるといいのではないかと思います。

「これはちょっと自分には難しすぎるかな」とか、「つまらなすぎる」とかいうことがあれば、途中《とちゅう》でやめても構いません。いまは縁《えん》がなかったというだけのことで、いつかまた、その本に出会い直すこともあるかもしれません。

ある程度すらすら読める本から始めないと、どうしても長続きしません。半分から7割くらいまでしかわからない、と感覚的に思う本は、〝投網漁法〟の段階では読まなくてもいいでしょう。何とか読み終えても、それは単に字面《じづら》を追っているだけで、結局頭にはほ

“投網漁法”流読書

とんど何も残っていないだろうからです。

　とはいえ、この世の中には、難解すぎてちんぷんかんぷんだったとしても、とにもかくにもチャレンジしてみるに値する本もあるものです。また、チャレンジするのにふさわしい時期というのもあるものです。

　特に思春期は、大いに背伸びをして、思い切り自分を成長させる時代。もしみなさんが、無性にプラトンが読みたいとか、経済学の父、アダム・スミス（１７２３〜９０）が読みたいとか、あるいは日本民俗《みんぞく》学の創始者、柳田國男《やなぎたくにお》（１８７５〜１９６

2）が読みたいとか、文豪《ぶんごう》、三島由紀夫《みしまゆきお》（1925〜70）が読みたいとか思ったとしたら、躊躇《ちゅうちょ》なく手に取ってほしいと思います。全部読み通せなかったとしても、いまはまだわからないけれど、何やらものすごい世界がここにはあるのかもしれないという感触《かんしょく》を得るだけでも、十分に意義はあると思います。「読書百遍《ひゃっぺん》、意自《おの》ずから通ず」と言われるように、何度も挑戦《ちょうせん》しているうちに、少しずつ意味がわかってくることだってあるかもしれません。

前にも言ったとおり、わたしたちが見ている世界などこの世のごくわずかです。いまの自分にはとても見通せないけれど、いつかは手が届くかもしれない世界があると知ることは、わたしたちの人生をきっと豊かにしてくれるにちがいありません。**ただ生きるのではなく、何かに憧《あこが》れつつ生きる。**特に若い時代には、そんな生き方を心ゆくまで味わってほしいなと思っています。

読書会をやってみよう

一人だけで〝投網漁法〟を続けていると、何を読んでいいかわからなくなったり、どう読めばいいかについて悩《なや》んだりして、少し行きづまってしまうこともあるものです。

そんな時は、仲間を募《つの》って読書会をやってみるのもおすすめです。1冊の本をみんなが読んだ上で集まって、感想や意見を交わし合ったり、お気に入りの本を紹介し合ったり。読書は、一人でやるのも楽しいですが、何人かで刺激《しげき》し合いながらやるのもいいものです。

ちょっとアカデミック（学問的）な本にチャレンジする場合、読書会はいっそう有意義なものになります。仲間の中に、その分野に少しは詳《くわ》しい人がいるとなおいいでしょう。何なら、学校の先生を仲間に引っ張ってもいいかもしれません。

「耳学問」という言葉があります。耳で聞いて習い覚える、という意味です。アカデミックな本の読書は、文字どおりこの「耳学問」が特に有効です。一人ではなかなか理解できなくても、仲間とワイワイ言い合って読んでいるうちに、わかるようになったりもするものです。

わたしも、定期的に読書会（研究会）を開催《かいさい》しています。新しい学問分野に挑戦する時や、一人で読むにはあまりに難解だったり分厚すぎたり、あるいは退屈《たいくつ》になってしまったりする本を読む時なんかに、仲間を誘《さそ》って勉強会を開いています。

基本的には、あらかじめ全員が読んだ上で、だれか担当者を決めたり、あるいは手分けをしたりして、レジュメ発表を行います。本の内容を、簡潔にまとめて発表するのです（レジュメの作り方は次章で紹介します）。長い本や超《ちょう》難解な本の場合は、何章かに分けて読書会を開きます。その上で、みんなで内容について議論を交わし、本の内容をより深く理解したり、批判的に読み込んでいったりしています。

読書会をやっていると、次に読むべき本が自然と見つかったり、紹介《しょうかい》し合ったりすることも多々起こります。興味の〝網〟に、たくさんの本が引っかかってくるわけですね。

図書の先生を大いに活用する

〝投網漁法〟の際には、ぜひ「図書の先生」も頼《たよ》ってほしいと思います。

教員免許《めんきょ》を持ち、さらに司書教諭《きょうゆ》という資格を持って図書室で勤務している先生を、司書教諭と呼びます。教員免許は持っていないけれど、学校図書館のプロフェッショナルである職員は、学校司書と呼ばれます。どちらも、とにかく頼れる「図書の先生」です。

もっとも、残念なことに、常勤の司書がいない学校もまだまだ少なくないのが現状です。その場合は、ぜひ、町の図書館の司書さんを頼ってみてください。みなさんが本を借りる時に顔を合わせる、カウンターで業務を行っている方々ですね。

町の図書館の司書にしても、司書教諭、学校司書にしても、**本についての膨大《ぼうだい》な知識を有するプロフェッショナル**です。本屋さんでも、図書館に行っても、自分のアンテナに引っかかる本がなかなか見つからない時は、ぜひ相談してみてください。「この前こんな本を読んで、とってもおもしろかったんですが、こんな感じの本はほかにありませんか？」といった具合に。どんなジャンルの本であれ、図書の先生が次から次へと紹介してくれることに、みなさんはきっと驚《おどろ》かれるはずです。

「この前、新聞で読んだ〇〇に関する本、タイトルはわからないんですけどありますか？」という問い合わせにだって、司書さんは答えてくれます。福井県立図書館のウェブサイトには、「覚え違いタイトル集」というコーナーがあって、これまで問い合わせがあった、うろ覚えの本などを司書さんが見つけ出した例がたくさん紹介されています。たとえば、「男の子の名前で、『なんとかのカバン』」という問い合わせ。正体は、『ハリー・ポッターとアズカバンの囚人《しゅうじん》』でした。あるいは、「ハリー・ポッターが書いたうさぎの本」という問い合わせ。正体は、『ピーター・ラビットのおはなし』でした。

もちろん、図書の先生だって、図書館にある本を全部読んでいるわけではありません。でも、さまざまな本の情報や、本の探し方が、頭の中にまさに〝クモの巣〟のように張り巡《めぐ》らされているのです。だからみなさんの話を聞きながら、そこに電流を流して、「この

図書館司書のクモの巣電流流し！

本はきっとこの子の興味に引っかかるぞ」

という本を探し当てることができるのです。

大学図書館の司書をされている入矢《いりや》玲子《れいこ》さんは、『プロ司書の検索《けんさく》術』という本の中で、「利用者から情報を求められた時、バラバラな小ネタが頭の中で結びついて『そういえばあの本！』とスパークする」と書かれています。まさにクモの巣に電流が走っているわけですね。

日本人は――と一般化しすぎるのはよくありませんが――司書という頼れる存在のことをあまり知らない人が多いように思い

ます。本の整理や貸し出しをしている人、くらいの印象しか持っていない人が多いのではないでしょうか。

先の『プロ司書の検索術』にも書かれていますが、欧米《おうべい》では、多くの人が図書館員の専門性をとても信頼しています。同書によれば、イギリス図書館情報専門家協会が２０１８年に行った「信頼できる情報を提供する専門家は？」という調査において、図書館員の順位は法律家よりも高い4位だったそうです（！）。

本のことで、何か困ったことがあったらまず司書に聞いてみる。そのことを、みなさんにはぜひ覚えておいていただければと思います。本当であれば、小学生の頃から、このことはもっとしっかり教えてもらえるとよいのですが。

知識は雪だるま式に増える

さて、そうやって、〝投網漁法〟を10冊、20冊、30冊、と続けていると、ある頃から、もっとこの分野について知りたい、もっとこの人の本を読んでみたい、というようなことが起こるはずです。織田信長の本がおもしろかったので、ほかの戦国武将の伝記本もたくさん読んでみようかな、とか、恐竜《きょうりゅう》に興味が湧《わ》いたので、最新の恐竜研究についての本を読んでみよう、とか、推理作家のアガサ・クリスティ（１８９０～１９７６）の作品を全部読んでやろうかな、とか。

そのタイミングで、ぜひ〝**一本釣り漁法**〟をやってみてください。**関心を持ったテーマや著者の本を、とにかく読みまくる**のです。10冊や20冊も読めば、その分野のちょっとした専門家になれるはずです。

その時も、司書はもちろん力強い味方です。でも慣れてくると、自分の力で芋《いも》づる式に本をどんどん見つけられるようになるはずです。本の中で紹介されているまた別の本や、参考文献《ぶんけん》一覧に載《の》っている本などを手がかりに、次に読むべき本が自ずと見つかるのです。図書館は、図書分類法というのに基づいてジャンル別に書棚を作ってくれていますので、図書館に足を運んでみるのも一手でしょう。

アマゾンなどは、それまでの購入《こうにゅう》や閲覧《えつらん》の履歴《りれき》をもとにオススメ本を提案してくれますが、〝一本釣り漁法〟の際はそれも便利です。本とのセレンディピティ（偶然《ぐうぜん》の出会い）がなくなると言う人もいますが、アルゴリズムの提案もまた、一つのセレンディピティと言えなくもありません。もちろん、その提案に偏《かたよ》りやおもしろみのなさを感じるなら、意識的に図書館や本屋さんに足を運ぶ機会を増やせばいいでしょう。さっきも言ったように、慣れてくれば書棚から本が呼びかけてきてくれます。

この「投網漁法から一本釣り漁法へ」を、まずはぜひ繰《く》り返してみてください。何ヶ月か続けていると、読むスピードも、読解力も、雪だるま式に上がっていくのを実感するはずです。読書に慣れるからというのもありますが、背景知識が豊かになるので、読んでもわからないところが徐々《じょじょ》に減り、本がすらすら読めて、また頭にどんどんたまるようになるのです。

人間は、すでに知っていることを手がかりに次の学習を進めていく、というのは、認知科学の基本的な知見です。雪だるま式というのは、誇張《こちょう》ではありません。**すでに知っていることが増えれば増えるほど、知識は倍々ゲームのように増大していく**のです。

読書習慣のあまりない人は、まずは月に2〜3冊から始めてみるといいでしょう。そのうち、週に1〜2冊、慣れてきたら、1日1冊なんてこともできるようになるかもしれません。それくらい読めれば、きっともうグーグルマップまっしぐらです。

速読の問題

ただし、急いで付け加えておかなければなりませんが、いわゆる速読はあまりおすすめしません。もちろん、読書に慣れると、かなりのスピードで本を読むことができるようになりますから、自然なスピードアップ自体には何の問題もありません。むしろ望ましいこととさえ言えるでしょう。目的によっては、必要な情報だけをスキャンして取り込むような読書だってたしかにありです。

でも速読というのは、どうしても本をいくらか読み飛ばしていかざるを得ない読書法です。印象的な言葉をいくつか捉《とら》えて、その隙間《すきま》をいわば推論していくような読み方です。

とすれば、どうしてもその推論に誤りが生じる可能性が出てしまいます。下手をすれば、まるで逆の読みをしてしまう危険性さえあります。さらに言えば、これは本の内容を自分の思考の中に押《お》し込んでしまいかねない読み方ですから、新たな発見や、自分の考えをふり返ったりする機会を、自ら消し去ってしまってしまう可能性もあるのです。

作家の平野《ひらの》啓一郎《けいいちろう》さんも、その名も『本の読み方――スロー・リーディングの実践《じっせん》』という本の中で、速読なんて続けていれば、「読めば読むほど、自分の偏ったものの見方が反復され、視野が広がるどころか、ますます狭《せま》い考えへと偏っていくだろう」と言っています。

平野さんは、さらにこんなことも書いていて、これを読んだ時は思わず笑ってしまいました。

一ヶ月に本を一〇〇冊読んだとか、一〇〇〇冊読んだとかいって自慢《じまん》している人は、ラーメン屋の大食いチャレンジで、一五分間に五玉食べたなどと自慢しているのと何も変わらない。**速読家の知識は、単なる脂肪《しぼう》である。**それは何の役にも立たず、無駄《むだ》に頭の回転を鈍《にぶ》くしているだけの贅肉《ぜいにく》である。決して、自分自身の身となり、筋肉となった知識ではない。それよりも、ほんの少量でも、自分が本当においしいと感じた料理の味を、豊かに語れる人のほうが、人からは食通として尊敬されるだろう。

情報を、テンポよくどんどん蓄《たくわ》えていく読書というのもたしかにあります。でもみなさんには、ぜひ、**1冊の本をじっくり味わう経験**を大事にしていただきたいとわたしは思います。

わたし自身が日頃読んでいる哲学書などは、まさにそうした熟読玩味《じゅくどくがんみ》がふさわしい類《たぐい》のものです。そんな**読書を通して生涯《しょうがい》の友に出会えるよろこび**は、何ものにも代えがたいものです。前に紹介したプラトンもデカルトも、あるいは近代民主主義の源流を築いたジャン＝ジャック・ルソー（1712〜78）も、現代哲学の扉《とびら》を開いたフリードリヒ・ニーチェ（1844〜1900）も、わたしにとっては一生をかけて語り合いたい生涯の友たちです。

文学との出会い

とはいえ、グーグルマップになって〝クモの巣電流流し〟ができるようになるためには、ある程度の量を読まなければならないことも事実です。無茶な速読には害がありますが、無理のない多読には、やはり益があるとわたしは思います。

わたし自身、子どもの頃から読書好きではありましたが、意識的に本をたくさん読もうと思うようになったのは、大学生になってからのことです。

そのきっかけが、じつを言えば先の平野啓一郎さんでした。

京都大学在学中に『日蝕《にっしょく》』という小説でデビューを果たした平野さんは、その後、当時最年少で芥川賞《あくたがわしょう》を受賞しました。へえ、すごい人もいるもんだな、というくらいの気持ちで、その受賞作『日蝕』を何気なく手に取った当時大学1年生だったわたしは、まずはいきなり、これまでに見たこともないような難解な言葉の数々に喫驚《きっきょう》しました。次いで、その美しい文体に魅了《みりょう》され、最後には、作家の想像力が生み出した世界の中に吸い込まれ、溶《と》かされて、しばらく本の世界から抜《ぬ》け出すことができなくなってしまいました。

言葉が芸術であることを、わたしは平野さんの作品で初めて知りました。世界のすべてを、言葉で描き出す。平野啓一郎はそんな作家です。それは、いままさに芸術家の手によって生み出されようとしている、まだだれも見たことのない世界も含め、〝世界のすべて〟です。

あまりの衝撃《しょうげき》を受けたわたしは、平野さんのインタビューなども読み漁りました。その過程で、当然と言えば当然なのですが、平野さんのめまいがするほどの語彙力《ごいりょく》の背景には、やはり大量の読書があったことを知ったのです。

いまとなってはお恥《は》ずかしい話なのですが、わたしもまた、子どもの頃にじつはマンガ家を目指したことがあったり、中高生の頃からは、小説もたくさん書いたりしていました。平野ショックは、そんなわたしに、自分も小説家になりたいという強い欲望を呼び覚ましました。

たくさんの小説を書きました。もちろん、たくさんの文学作品も読みました。岩波文庫には、赤帯と呼ばれる外国文学のシリーズがあるのですが、これはおそらくほとんど読んだと思います。

そんなわたしに続いてやってきたのは、シェイクスピアショックとゲーテショックでした。

ちょうどその頃、わたしはひどい躁《そう》ウツ病を患《わずら》っていたのですが、躁状態の時に出会ったのがシェイクスピア（1564〜1616）、ウツ状態の時に出会ったのがゲーテ（1749〜1832）でした。

ひどくハイな状態で、シェイクスピアの『ロミオとジュリエット』に出会ったわたしは、手のつけようのないロマンチストになってしまって、当時はだれかれ構わず恋《こい》をしていました。他方、ウツで苦しみ、毎日死ぬことを考えていた時期は、ゲーテの『若きウェルテルの悩み』をポケットに入れて持ち歩き、折に触《ふ》れて開いては涙《なみだ》を流していました。

それから8年ほど、わたしは小説を書き続けましたが、結局、芽が出ずに挫《ざ》折《せつ》しました。でもその後、この挫折とまるで引き換《か》えであるかのように哲学に出会えたことは、わたしの人生にとってもっとももありがたいことの一つだったと思っています。

読書を習慣にする

人生を大きく変えたのは、前にも紹介した哲学者、竹田《たけだ》青嗣《せいじ》の『人間的自由の条件――ヘーゲルとポストモダン思想』という本との出会いでした。このあたりのことは、かつて『子どもの頃から哲学者』という本に詳《くわ》しく書いたことがあるので繰り返しませんが、わたしがこの本に出会うことができたのも、「投網漁法から一本釣り漁法へ」を10代の頃から続けてきたおかげだったと思っています。

平野啓一郎に出会った大学1年生の頃から、およそ6年間、わたしは1日1冊は必ず読む生活を毎日続けていました。もっとも、「今日は読書時間が30分くらいしか取れなさそうだな」という時には、そんな時のために用意してあった薄《うす》い本なんかを手にとってつじつまを合わせていましたので、手段と目的がひっくり返っていたところもあったように思います。たくさんの本を味わい、自分の中にしっかり吸収していくことが目的だったはずなのに、いつの間にか1日1冊読むことが目的になって、結局、十分に吸収することがおろそかになっていたのです。平野さんの、「速読家の知識は、単なる脂肪である」という言葉に恥《は》じ入るばかりです。

いまも、総数としてはそれくらい、いやおそらくそれ以上読んでいると思いますが、1日1冊などというくだらないこだわりは、20代半ばの頃に捨てました。**大事なのは、よい本をじっくり味わうことであり、また本当に自分のものにすること**です。

ただ、大学生たちには、あくまでも目安として週に1〜2冊、できれば1日1冊くらいの量を読んでいければ、大学4年間の間にきっとグーグルマップになれるはずと伝えています。もちろん、この数字が大事なのではありません。まずは読書を習慣にしてもらいたいと思っているのです。

それくらいの量を、しばらく意識して読んでいけば、知らない間に読書が習慣化してくるはずです。食事をしないことや呼吸をしないことが考えられないように、読書をしない生活が、そのうち考えられないようになるでしょう。

そうなってしまえば、あとはグーグルマップまっしぐらです。次章で紹介するレジュメの作り方なども参考にしてもらえれば、いっそう効果的に〝クモの巣電流流し〟ができるようにもなるでしょう。

「信念補強型の読書」と「信念検証型の読書」

本章の最後に、「信念補強型の読書」と「信念検証型の読書」についてお話ししたいと思います。

これはわたしの師匠《ししょう》の竹田青嗣の言葉で、わたしもつねに肝《きも》に命じていることです。**「信念補強型の読書」とは、文字どおり、自分の信念に都合のいいように本を読んでいくこと**です。都合の悪いことは無視をして、自分の信念を補強してくれるデータや人の意見ばかり摂取《せっしゅ》していく姿勢です。心理学では「確証バイアス」と呼ばれています。

「日本人はすごい!」と思いたい人は、その信念に都合のいいデータや意見ばかりに耳を傾《かたむ》けてしまう、という感じですね。その逆もまたしかりで、「日本はこんなにダメな国なんだ!」と主張したい人は、その信念を補強してくれるデータや意見しか見なくなってしまう危険性があります。

これはよほど意識していないと、わたしたちのだれもが陥ってしまうバイアス(偏り)です。特にSNSが発達した今日では、意見の違う人たちをシャットアウトし、同じような考えを持つ人ばかりがつながることで、お互いの信念を増幅《ぞうふく》させ合うといったことが起こってしまいがちです。いわゆる「エコーチェンバー現象」です。十分に自覚して、気をつけすぎるくらいに気をつけておく必要があるのではないかと思います。

それに対して**「信念検証型の読書」は、文字どおり、自分の信念や考えは本当に正しいのか、妥当性《だとうせい》を持っているのか、自分で自分を厳しく検証しながら本を読む態度**です。自分に都合の悪いデータや意見があっても、まずはいったん受け止めて、その上で改めて考え直す。そうした読書態度です。

これは想像以上にむずかしいことです。わたしたちのような学者でさえ、いや、学者だからこそ、自分たちの信念に固執《こしつ》しやすいらしいことも、さまざまな研究で示されています。特に政治的な信念について、知識人はこだわりが強い傾向があり、政治的な話題になると理性的な判断ができなくなってしまうことも多いようです。

心理学者のスティーブン・ピンカー（１９５４〜）は、そうした確証バイアスを避《さ》けるためには、何よりも「数えること」、つまりデータを見ることが大切だと言っています（『21世紀の啓蒙《けいもう》（下）』第21章）。でも、じつはそのデータさえも、わたしたちは自分の都合のいいものだけを見たり、都合よく解釈《かいしゃく》したりすることができてしまうものなのです。

一例を挙げると、日本人の子どもは、比較《ひかく》的、自己肯定感《こうていかん》が低いと言われています。自分にあまり自信がないとか、自分に満足していないとかいうことですね。

これはさまざまな国際調査でも指摘《してき》されていることで、たとえば平成30（２０１８）年度の「我が国と諸外国の若者の意識に関する調査」（内閣府）でも、次のような報告がなされています。「日本の若者は、諸外国の若者と比べて、自分自身に満足していたり、自分に長所があると感じていたりする者の割合がもっとも低く、また、自分に長所があると感じている者の割合は平成25年度の調査時より低下していた」。教育現場をはじめ、このことは長らく日本社会で問題視されています。

ところが、こうしたデータをどう読むかについては、その論者が何を主張したいかによって時に正反対だったりもするのです。

日本の教育の問題を強調したい論者であれば、このデータは学校批判のための強力なツールになるでしょう。そして実際、そのように用いられてきました。日本の学校や受験の競争主義的な傾向や、厳しい校則などを批判する材料として使われてきたのです。

“信念検証型の読書”を目指す

他方、これをむしろ日本の教育にとって肯定的なデータとして捉える論者もいます。日本人（の子ども）は、謙虚《けんきょ》で、必要以上に自分を低く見積もる傾向がある。でもだからこそ、自分の足りなさを自覚することで、かえって勉強に向かおうという意識を高めているのだ、と。国際的に見ても高い日本の子どもたちの学力の背景には、そうしたこともあるのではないか、と。

ただし、アルバート・バンデューラ（1925〜）という心理学者の有名な研究によれば、人は自己効力感が強いほど成し遂げたいことを達成できる傾向があるとされています。その意味では、日本人の子どもたちは、自己肯定（効力）感が低いからこそより勉強に向かおうとしているのだ、という解釈が、どれほど妥当性のある解釈なのかちょっとわからない気もします。

ともあれ、ことほどさように、同じデータを見ても、論者によってはまったく異なった解釈ができてしまうものなのです。

欲望・関心相関性の原理

では、データを取るに際しても、その結果を解釈するにしても、わたしたちはいったいどのような態度を取ればよいのでしょうか？

わたしの考えは次のとおりです。

これは哲学が長い歴史を通して明らかにしてきたことなのですが、この世に絶対に正しい真理や絶対に正しい解釈というものはじつはありません。それはいつも、わたしたちの欲望（こうありたい、こうあってほしい）や関心の色を帯びているのです。

欲望や関心が違えば、同じデータや事実も異なって見えるものです。竹田青嗣は、これを「**欲望・関心相関性の原理**」と呼んでいます。

わたしの知人のカウンセラーの方が、ある講演会でこんなおもしろいことを言われていました。

「みなさんは、ひまわりを見るとどんなイメージを持ちますか？　明るいとか、元気とか、そんなイメージでしょうか？　でも、もしもみなさんが、ひまわりを使った特殊《とくしゅ》な虐待《ぎゃくたい》を受けたことがあったとしたらどうでしょう？　ひまわりは恐怖の象徴かもしれませんよね？」

客観的な事実やその解釈など、じつのところ存在し得ません。ひまわりの見え方さえも、人それぞれの欲望や関心に応じて異なるものなのです。

とすれば、わたしたちは、「これこそが客観的なデータだ」とか「これが正しい解釈だ」とか言うのではなく、「わたしはこのような欲望や関心からこのようにデータを取った」とか、「このような欲望や関心からデータをこう解釈した」とか言うしかありません。そのような言い方こそが、わたしたちが自分の解釈を主張する際の、もっとも誠実な態度なのです。

「わたしには、日本の学校の管理体質はよくないという問題関心がある。その関心からすれば、日本の子どもたちの自己効力感が低いというデータは、まさに学校の管理体質の問題を如実《にょじつ》に示しているように思われる」とか、「わたしには、日本の子どもたちの国際的な学力の高さに対する関心がある。その関心からすれば、子どもたちの自己効力感の低さは、むしろ学習意欲の向上につながっているように思われる」とかいった具合ですね。

自分の欲望や関心をあえてはっきりと宣言することで、わたしたちは、自分とはまた別の見方をする人との間に対話の可能性を開くことができるようになります。これはあくまでも、自分のこのような欲望や関心からの見方であると断るわけですから。

このような対話の可能性は、さらに、**さまざまな解釈や考えを持つ人同士の〝共通了解〟の可能性**も開きます。「なるほど、あなたの関心からすれば、その解釈はたしかに妥当だと言えそうですね」とか、「また別の関心からすれば、こんな違う解釈も成り立ちますよね」とかいった具合に、相互《そうご》の納得を得るための対話を重ねることができるようになるのです。そうすれば、お前の解釈はけしからん、とか、お前こそ解釈が間違っている、とかいった水掛《か》け論に終始することはなくなるでしょう。さらに言えば、**お互いが納得できるもっと建設的な解釈を、共に見出《みいだ》し合っていくことだってできる**かもしれません。

そしてこれは、本の読み方についても言えることです。

たしかに、著者には著者の「言いたいこと」があります。だから、それをあまりに外した読み方は、やはり〝誤読〟と言わなければなりません。

でもその一方で、**絶対に正しい本の解釈があるわけでは必ずしもない**のです。

わたしたちは、自分の関心に応じて、著者の意図を超えたところで、自分の役に立つように本を読むことだってあるのです。もちろん、それが「信念補強型の読書」になってはいけません。でも、著者が「言いたいこと」以上のもの、もっと言えば**著者が気づいていなかったことさえも、わたしたちは読み取ることだってできる**のです。それはそれで、建設的な読み方であり得ます。

たとえばわたしは、哲学2500年の歴史を飾《かざ》る綺羅星《きらほし》のような哲学者たちの思想を、現代のさまざまな問題を解くために応用的に用いることがしばしばあります。たとえば、世界的な格差問題を克服《こくふく》するためのヒントを、200年とか250年も前の、ルソーやヘーゲル（1770～1831）の哲学から見出すといったように。

でも、ルソーの時代もヘーゲルの時代も、経済はいまほど地球規模ではありませんでしたから、世界的な格差問題は、そもそも問題として存在さえしていませんでした。にもかかわらず、彼らの哲学に現代の問題を解き明かす力強い思考を見出すことができるとするなら、それはまさに、著者自身が気づいてさえいなかった建設的な読み方だと言えるでしょう。

ルソーやヘーゲルを専門的に研究する学者からすれば、それは〝誤った読み方〟、〝行き過ぎた解釈〟に見えるかもしれません。でも、さっきも言ったように、読書に絶対に正しい解釈なんてありません（著しい誤読というのはありますが）。それは「欲望・関心相関的」なものなのです。グローバル資本主義の問題を克服するという「欲望・関心」からすれば、わたしたちはルソーやヘーゲルの思想にその可能性をちゃんと見出すことができる。わたしはそう考えていますが、そのような解釈は、同じ「欲望・関心」を共有することができれば、きっと多くの人にも納得してもらえるのではないかと思っています。

この章のまとめ

◆グーグルマップになるための基本は「投網漁法から一本釣り漁法へ」

◆読書会をやってみよう

◆司書さんを頼ってみよう

◆読書を食事や呼吸レベルの習慣にしよう

◆「信念補強型の読書」ではなく「信念検証型の読書」を

◆「欲望・関心相関的」に、より建設的な読書もできる

第3章

レジュメ（読書ノート）の作り方

1冊まるまるレジュメを作る

本章では、読書と同時にやっておきたい、効果的なレジュメ（読書ノート）の作り方をご紹介《しょうかい》したいと思います。

本というのは、読んでも大半を忘れてしまうものです。これはどうしたって仕方のないことで、そのことを嘆《なげ》いても仕方ありません。むしろ大事なのは、本の内容を一字一句覚えることではなく、どの本にどんなことが書かれてあったか、そのエッセンスをつかんで、頭の中のネットワークに蓄《たくわ》えておくことです。そうすれば、必要な時にその本を取り出して、中身を確認することができるからです。

レジュメ作りは、そのための初歩的にして最高の方法です。**ノートに残すことで、本のエッセンスを記憶《きおく》に定着させる**ことができるのです。本の内容を確認したい時、わざわざ本を探さなくても、そのレジュメを見直せば済んでしまうこともあります。

わたしの読書レジュメは、複数のHDD（ハードディスクドライブ）などに保存していきます。また、Dropbox《ドロップボックス》など、いくつかのオンラインストレージサービスを利用してクラウドにも上げ、出先でも、PC、タブレット、スマホなどでいつでも読めるようにしています。つまりレジュメは、読書で蓄えた〝教養〟のいわば外部メモリというわけです。

手元には数千冊分のレジュメがありますが、これがなければ研究も執筆《しっぴつ》もできなくなってしまうほど、わたしにとっては文字どおりの財産です。データが消えるようなことは、絶対にあってはならないと細心の注意を払《はら》っています。

これから紹介するレジュメの作り方も、前章と同様、みなさんには大いに参考にしていただきながらも、最終的には自分なりのやり方を見つけていただければと思います。わたし自身、レジュメ作りに関しては、長い読書生活の中でたくさんの試行錯誤《さくご》を繰《く》り返してきました。いまもそれは更新《こうしん》中ですが、ひとまずは、ある程度確立した方法を、みなさんにはお伝えすることにしたいと思います。

基本は、**1冊まるまるレジュメを作る**ことです。

印象に残った箇所《かしょ》の抜《ぬ》き書きを、ノートやカードに書きためておくのも悪いことではありません。でもそれは、結局のところ知識の断片を収集しているにすぎません。本の全容をつかみ取るためには、1冊まるまるレジュメを作るのが一番です。

もちろん、1冊まるまるレジュメを作るに値しない本もあります。気になる情報を抜き書きしたり、スマホにメモしたりしておけばいいだけの場合もあるでしょう。でも、「これはまるまるレジュメを作るに値する」と思う本については、ぜひ、めんどくささがらずに作りためていただければと思います。

わたし自身が試行錯誤の末にたどり着いたのは、引用をメインにして、その引用の見出しをつけるという方法です。**本の内容を確認したい時は、その見出しだけを読み直せばとりあえず全体像がわかる**ように心がけて作っています。いわば**本の骨格を浮《う》かび上がらせる**のです。これを意識すると、第1章で言ったような、本の〝構造〟がより把《は》握《あく》できるようになります。

引用部分のページ番号は、必ず明記します。論文などを書く時、引用ページ番号は必ず明記しなければならないからです。みなさんは、まだ論文などを書く機会はあまりないかもしれませんが、いまから習慣にしておくといいのではないかと思います。確認したい時にも便利ですしね。

引用部分の中でも、とりわけ大事だと思うところにはハイライトをします。何かメモを残したい時は、引用の後に「↓」と書いてメモをして、下線を引くなどして目立たせています。

読書会（研究会）では、仲間たちとよくレジュメを持ち寄りますが、その作り方は本当に人それぞれです。でも、それがどれだけよくできたレジュメであっても、「人の作ったレジュメは自分ではあまり使えない」と毎回思います。やっぱり、自分で読んで、自分なりの仕方で作らないと、本の内容は自分のものにはならないなあと感じます。ですからみなさんにも、いろんなレジュメの作り方をぜひ試行錯誤して、自分のスタイルを見つけていただければと思います。

レジュメは本を読み終えてから作る

わたしの場合、哲学書《てつがく》だと、1冊につき平均3万～5万字くらいのレジュメになります。とてつもなく分厚い本の場合は、10万字近くになる場合もあります。それだけで新書1冊分くらいになりますから、ちょっとめちゃくちゃな量ですが、仕方ありません。

もちろん、一般的《いっぱんてき》な文庫や新書くらいの本だと、数千字で終わる場合もあります。これも、みなさんの関心に合わせて、簡潔レジュメにするかがっつりレジュメにするか、選択《せんたく》すればいいでしょう。

基本的には、レジュメを作りながら本を読むのではなく、まずは一気に読み切ります。線は引きながら読んだほうがいいと思いますが、その引き方も、試行錯誤してしっくりくる方法を見つけるといいでしょう。

わたしの場合は、オレンジ色の蛍光《けいこう》ペンで、引用したい箇所を囲みながら読んでいます。いろんな色を試しましたが、なぜかオレンジが一番しっくりくるのです。

特に重要な箇所には、★マークを余白に記します。著者の主張に対して、「それは違うんじゃないかな？」と疑問を持った時は「？」マークを記しています。もっとも、まずは虚心坦懐《きょしんたんかい》に、著者の主張を理解しようと心がけながら読んでいますが。

蛍光ペンの色を変えて、「特に重要なところ」「重要なところ」「一応チェックしておくところ」などと種類分けするのもありかもしれませんが、わたしはやっていません。まずは本のリズムに乗っていきたいので、ペンの色を変えたり、種類分けを考えたりすることで、そのリズムを乱したくないからです。

付箋《ふせん》はあまり使いません。多くの場合、付箋だらけになってしまうからです。蛍光ペンで囲んで、★マークもつけて、その上さらにその箇所の重要性を強調しておきたい時には、ページの端《はし》を折り曲げています。その折り曲げた形から、英語でドッグイヤー（犬の耳）なんて言われています。

そうやって1冊を全部読み終えてから、レジュメ作りを始めます。さっきも言ったように、本によって、がっつりレジュメにするか、簡潔レジュメにするか、あるいは特にレジュメは作らず、本の中に簡単なメモを残しておくだけにするか作り分けています。

長い間、タイプしてレジュメを作っていましたが、いまは基本的に本をスキャナーで取り込《こ》んでPDF化しています。読書の際に蛍光ペンを使っているのは、スキャンしてもその線が読み取られないということもあります。

スキャナーは、家庭用の一般的なスキャナー付きプリンターで十分です。スマホで撮影《さつえい》して、アプリでPDF化することも可能ですが、わたし自身はあまりやりません。スキャ

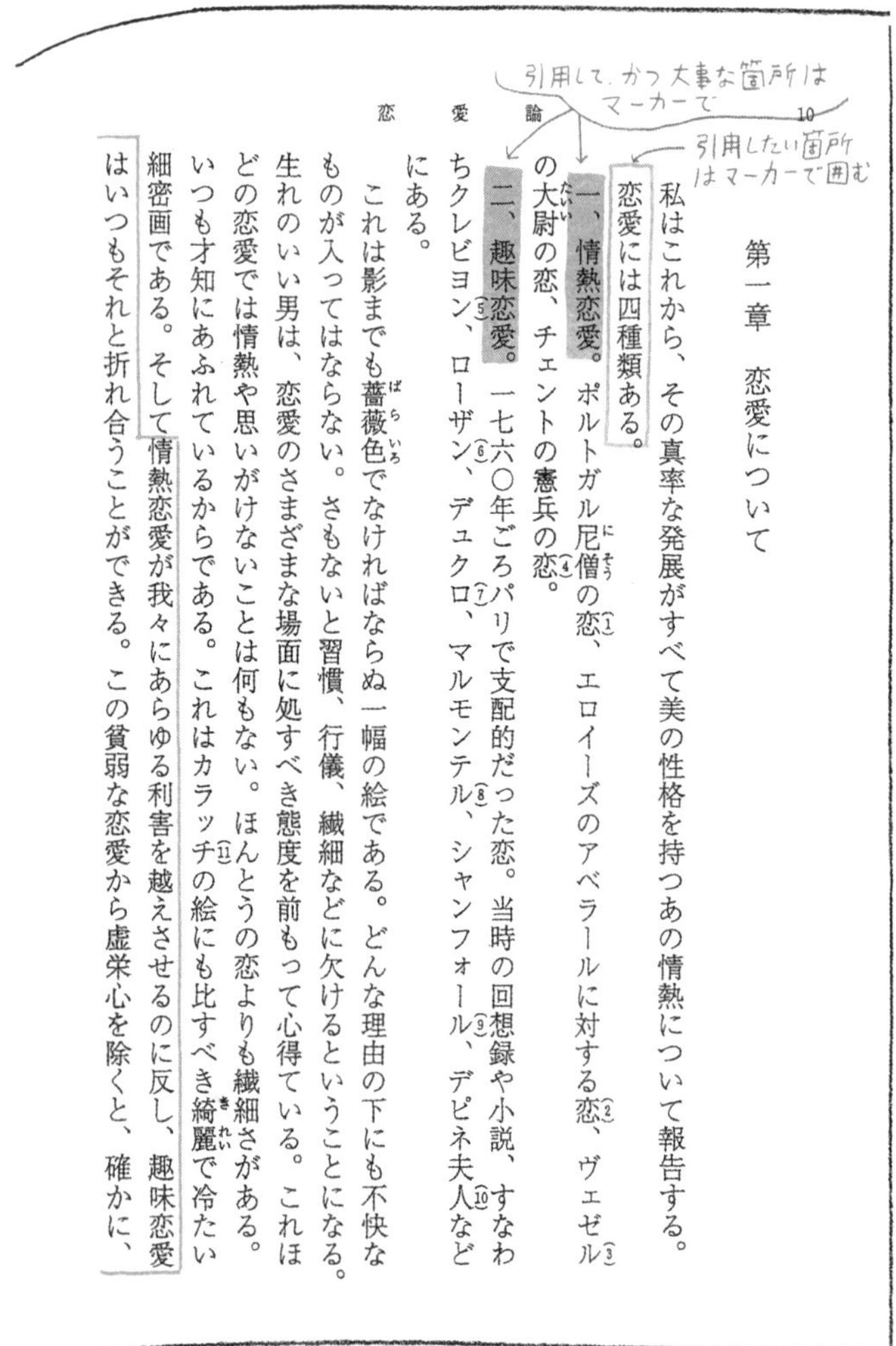

引用して、かつ大事な箇所はマーカーで
引用したい箇所はマーカーで囲む
恋　愛　論　10
第一章　恋愛について
私はこれから、その真率な発展がすべて美の性格を持つあの情熱について報告する。
恋愛には四種類ある。
一、情熱恋愛。ポルトガル尼《に》僧《そう》の恋、(1)エロイーズのアベラールに対する恋、(2)ヴェゼル(3)の大《たい》尉《い》の恋、チェントの憲兵の恋。(4)
二、趣味恋愛。一七六〇年ごろパリで支配的だった恋。当時の回想録や小説、すなわちクレビヨン、(5)ローザン、(6)デュクロ、(7)マルモンテル、(8)シャンフォール、(9)デピネ夫人(10)などにある。
これは影までも薔薇《ばら》色《いろ》でなければならぬ一幅の絵である。どんな理由の下にも不快なものが入ってはならない。さもないと習慣、行儀、繊細などに欠けるということになる。生れのいい男は、恋愛のさまざまな場面に処すべき態度を前もって心得ている。これほどの恋愛では情熱や思いがけないことは何もない。ほんとうの恋よりも繊細さがある。いつも才知にあふれているからである。これはカラッチ(11)の絵にも比すべき綺《き》麗《れい》で冷たい細密画である。そして情熱恋愛が我々にあらゆる利害を越えさせるのに反し、趣味恋愛はいつもそれと折れ合うことができる。この貧弱な恋愛から虚栄心を除くと、確かに、

大岡昇平訳『恋愛論　51刷改版』（新潮文庫、2005年）より

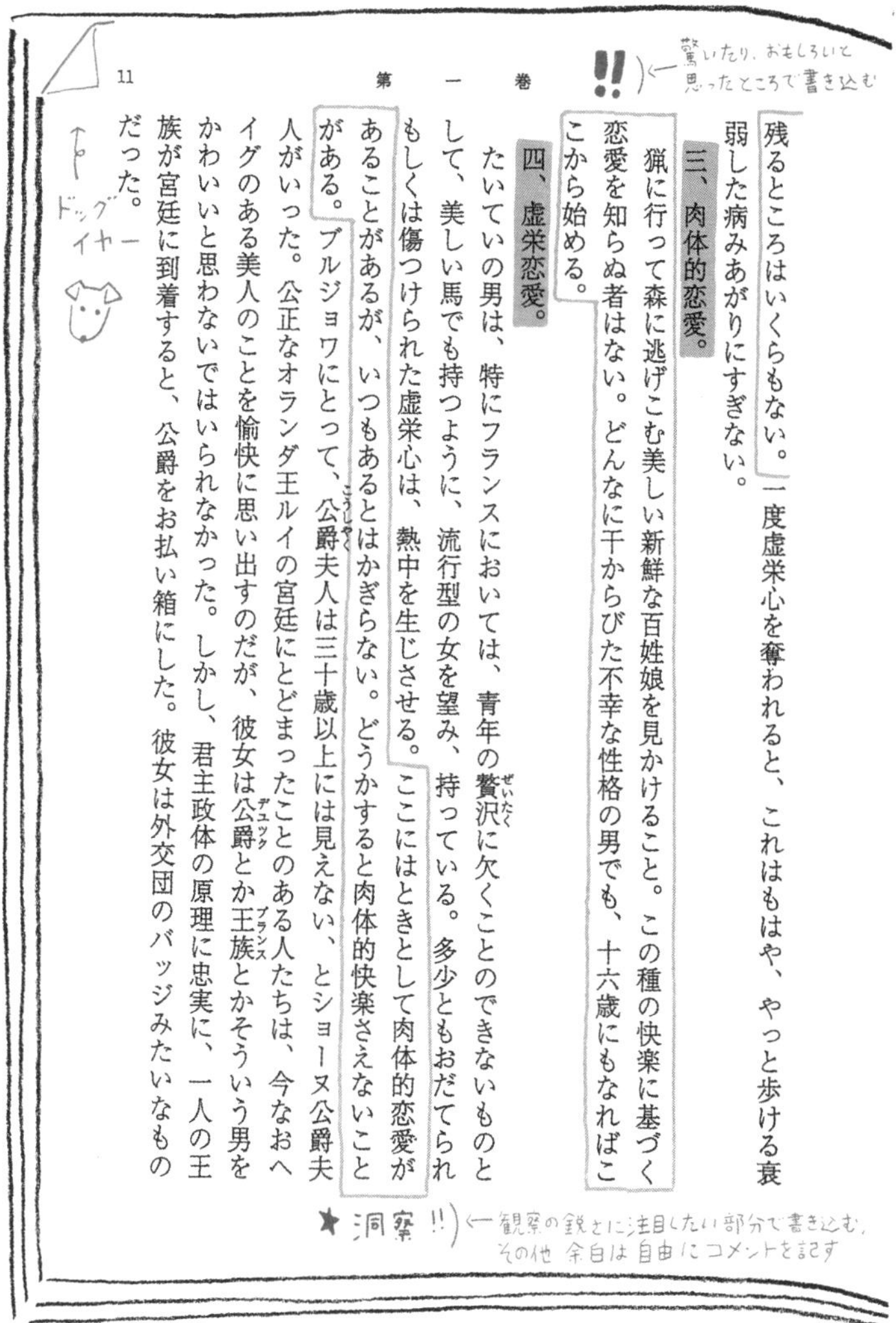
11　第一巻

残るところはいくらもない。一度虚栄心を奪われると、これはもはや、やっと歩ける衰弱した病みあがりにすぎない。

三、肉体的恋愛。

猟に行って森に逃げこむ美しい新鮮な百姓娘を見かけること。この種の快楽に基づく恋愛を知らぬ者はない。どんなに干からびた不幸な性格の男でも、十六歳にもなればここから始める。

四、虚栄恋愛。

たいていの男は、特にフランスにおいては、青年の贅沢《ぜいたく》に欠くことのできないものとして、美しい馬でも持つように、流行型の女を望み、持っている。多少ともおだてられもしくは傷つけられた虚栄心は、熱中を生じさせる。ここにはときとして肉体的恋愛があることがあるが、いつもあるとはかぎらない。どうかすると肉体的快楽さえないことがある。ブルジョワにとって、公爵《こうしゃく》夫人は三十歳以上には見えない、とショーヌ公爵夫人がいった。公正なオランダ王ルイの宮廷にとどまったことのある人たちは、今なおヘイグのある美人のことを愉快に思い出すのだが、彼女は公爵《デュック》とか王族《プランス》とかそういう男をかわいいと思わないではいられなかった。しかし、君主政体の原理に忠実に、一人の王族が宮廷に到着すると、公爵をお払い箱にした。彼女は外交団のバッジみたいなものだった。
!!
驚いたり、おもしろいと思ったところで書き込む
ドッグイヤー
★洞察!!
観察の鋭さに注目したい部分で書き込む、その他 余白は自由にコメントを記す

レジュメ作成を前提とした本の読みかた例　スタンダール著、

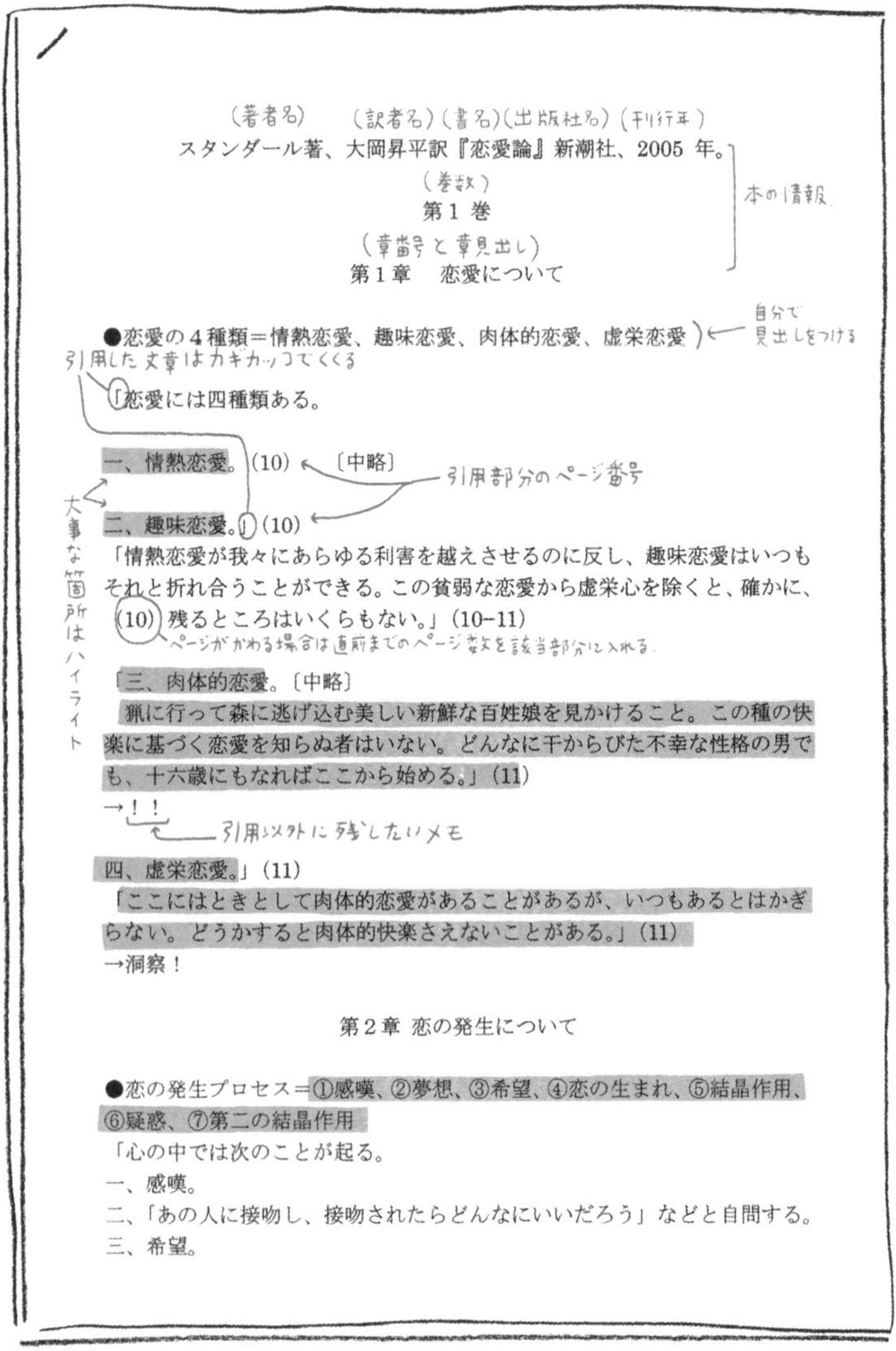
スタンダール著、大岡昇平訳『恋愛論』新潮社、2005 年。

第1巻

第1章　恋愛について

●恋愛の4種類＝情熱恋愛、趣味恋愛、肉体的恋愛、虚栄恋愛

「恋愛には四種類ある。

一、情熱恋愛。(10)〔中略〕

二、趣味恋愛。」(10)

「情熱恋愛が我々にあらゆる利害を越えさせるのに反し、趣味恋愛はいつもそれと折れ合うことができる。この貧弱な恋愛から虚栄心を除くと、確かに、(10)残るところはいくらもない。」(10–11)

「三、肉体的恋愛。〔中略〕

猟に行って森に逃げ込む美しい新鮮な百姓娘を見かけること。この種の快楽に基づく恋愛を知らぬ者はいない。どんなに干からびた不幸な性格の男でも、十六歳にもなればここから始める。」(11)

→！！

四、虚栄恋愛。」(11)

「ここにはときとして肉体的恋愛があることがあるが、いつもあるとはかぎらない。どうかすると肉体的快楽さえないことがある。」(11)

→洞察！

第2章 恋の発生について

●恋の発生プロセス＝①感嘆、②夢想、③希望、④恋の生まれ、⑤結晶作用、⑥疑惑、⑦第二の結晶作用

「心の中では次のことが起る。

一、感嘆。

二、「あの人に接吻し、接吻されたらどんなにいいだろう」などと自問する。

三、希望。

(著者名)
(訳者名)
(書名)
(出版社名)
(刊行年)
(巻数)
(章番号と章見出し)
本の情報
自分で見出しをつける
引用した文章はカギカッコでくくる
引用部分のページ番号
大事な箇所はハイライト
ページがかわる場合は直前までのページ数を該当部分に入れる
引用以外に残したいメモ

P104、105の読書に基づいて作成したレジュメ例

ンしたPDFは、OCR処理することでWordなどに貼《は》り付けられるテキストデータにすることができますので、そうやってWordでレジュメを作っていきます。

スキャンするなんて邪道《じゃどう》だと思われるかもしれませんが、これをやると、意外なことに本の内容がより頭に入ってくるのです。タイプでの引用だと、しばしばただ機械的にキーボードを打って文章を写すだけになってしまうのですが、スキャンした場合は、それをWordに貼り付ける際に必ず読み直して確認するので（OCRにはけっこう読み取りミスがあるので）、この時点で、少なくとも蛍光ペンで囲んだ部分については、二度読むことになるからです。

ちなみに、わたしは「苫野《とまの》一徳《いっとく》オンラインゼミ」というオンラインサロンをやっていて、その会員ページに多くの哲学や教育学、社会学、経済学、歴史学、人類学などの名著解説を掲載《けいさい》しています。著作権の問題もありますので、本からの引用は必要最小限ですが、作ったレジュメを元に解説を書くので、結果的にはレジュメにした部分はのべ3回読み直すことになります。これくらい読み直せば、頭の中にはかなり入ることになります。

とはいえ、最初に言ったように、本を読む時も、レジュメを作る時も、内容を記憶《きおく》しようとはあまり思わないようにしています。もちろん、「これは記憶しておこう」と意識する時もありますが、ずっとそう意識していると疲れてしまいますので、むしろ「忘れたっていいや」というくらいの気持ちでいます。

そのためのレジュメ作りなのです。さっきも言ったように、外部メモリに記憶を保存しておくのです。それでも、一度レジュメを作っていれば、どんなことが書かれてあったかくらいは記憶の底に残りますので、必要に応じて外部メモリから記憶を取り出すことが可能になります。

電子書籍や電子ペーパーを活用する

いまのわたしは、電子書籍《しょせき》があるものは電子書籍で購入《こうにゅう》することがほとんどになりました。それこそ、ハイライト機能もメモ機能も充実《じゅうじつ》している上に、ＰＤＦのＯＣＲ処理のようにデータ化の際にミスが出ることもほとんどないので、レジュメ作りにはもっとも便利な機器として重宝しています。

ただ、学術書は電子書籍化されていないものがほとんどなので、その場合は、いわゆる〝自炊《じすい》〟をして、SONYのデジタルペーパーで読むことも多いです。〝自炊〟とは、本を裁断して、ScanSnap《スキャンスナップ》などのスキャナーで一気に読み取りPDF化することです。

さっきも言ったように、レジュメ作りは、スキャナーを使えばキーボードで打ち込んでいくより速く、また楽になります。頭にもより入ります。でも、特に哲学書の場合は、ほとんどのページをスキャンするなんてこともありますので、1枚1枚スキャンするのはちょっと大変です。

そんな時に、〝自炊〟はとても便利です。1冊まるまる、数分でスキャンでき、OCR処理も同時にされますので、格段に楽にレジュメが作れてしまいます（ただし、PDF化したファイルを私的使用を超《こ》えてだれかと共有するのは違法《いほう》ですので、気をつけてくださいね）。

本を裁断するなんてとんでもない！　けしからん！　そう思われる方も、きっといらっしゃると思います。わたしも、本を大切に扱《あつか》うよう親から言われて育ちましたので、最初はものすごい抵抗《ていこう》がありました。

わたしがこれまでに出した本の中には、著名な装丁家の方がカバーデザインをしてくださったものもたくさんあります。第1章でも言ったように、1冊の本には多くの人の思いが込められているのです。だから、日常的に〝自炊〟をしているいまも、どうしても裁断できない本はたくさんあります。

でも、いまはかつてほど抵抗はなくなりました。慣れたからというのもあるでしょうが、さっき紹介した、ＳＯＮＹのデジタルペーパーに出会ったことも大きな理由です。とにかく薄《うす》くて軽い電子ペーパーですが、目にもやさしく、ＰＤＦを紙のような質感で読むことができ、また付属のペンで書き込んだり、文章にハイライトをしたりすることができるのが特徴《とくちょう》です。読み終えたら、このハイライトした部分を改めてＷｏｒｄにコピペしてレジュメを作っています。レジュメを作るまでもないと判断した本の場合は、ハイライトした部分の上などに、見出しメモを残すだけのこともあります。

何十冊分ものＰＤＦファイルが入るので、長期の出張などにもとても便利です。紙で読んでいるのとそれほど変わらない質感なので、本を裁断しても、あまり罪悪感を感じなくなりました。本をまるまる、このデジタルペーパーの中に移し込んだ気になれるからです（さすがにまるまるとは言えないかもしれませんが）。

このＳＯＮＹのデジタルペーパー、残念ながら２０２１年に生産を終了してしまいました。でも、電子ペーパータブレットはほかにも何種類かありますし、今後も改良版がいろいろ出てくるのではないかと期待しています。

わたしのような学者は、大量の蔵書をどうするかという問題にいつも悩《なや》まされています。大学の研究室にも、自宅にも本が入り切らないからです。でもデジタルペーパーに出会ってからは、あまりためらわずに〝自炊〟することができるようになりましたので、書棚《しょだな》もずいぶんスッキリしました。

綴《と》じた本でなければ本として認めない、という方もいらっしゃるかもしれませんが、考えてみれば、綴じた本だって、歴史はそれほど古いわけではありません。古代エジプトでは、パピルスで作られた巻物だったわけですし、紙ができてからも、やはり巻物が主流だった時代はとても長いのです。そう考えると、タブレットでPDF化した本を読むのも、邪道《じゃどう》とは言い切れないのではないかと思います。

慣れというのはおそろしいもので、電子書籍やデジタルペーパーで読むのに慣れると、紙の本を読むのとまったく変わらない感じで読めるようになります。そう言えば、本や論文の原稿《げんこう》を書く時、かつてはプリントアウトして紙で読み直さないとどうもしっくりきませんでしたが、いつのまにかそんなこともなくなりました。また、日本語の本は縦書きが多いですが、わたしは本の原稿を書く時も横書きです。最初はどうしても違和感《いわかん》があって、多くの小説家がやるようにパソコンでも縦書きで書いていましたが、いつのまにか横書きが自然になりました。

ただ、小説だけは、いまでも紙の本のほうが圧倒的に好きです。「ああ、あとこれくらいで物語が終わってしまう」なんてことを、手の感触《かんしょく》を通して感じたいからです。身体感覚が伴《ともな》えば伴うほど、わたしたちはより本の世界に没入《ぼつにゅう》できるんじゃないかなという気はします。

デジタルペーパーも、アマゾンのキンドルなどの電子書籍の端末《たんまつ》も、かなり高価です。なので中高生のみなさんにはちょっと手が出ないかもしれませんが、もし余裕《よゆう》があれば、試してみてもいいのではないかと思います。もちろん、スマホでの読書もありだと思います。ただその場合は、余計なお世話かもしれませんが、長時間凝視《ぎょうし》して「スマホ眼病」になることだけはないよう、どうか十分に気をつけてくださいね。

この章のまとめ

◆１冊まるまるレジュメを作ろう
◆本の骨格が見えるようにレジュメを作る
◆電子書籍や電子ペーパータブレットは、レジュメ作りにもかなり役立つ

あとがき

若者は本を読まない、とよく言われますが、わたし自身は、それを嘆《なげ》いてばかりいても仕方ないといつも思っています。それよりも、どうすれば、若いみなさんがわたしたちのよき読書仲間になってくれるか、それを考えたい、と。

大事にしていることがあります。若者たちを、決してバカにしてはいけないということ。より正確に言えば、彼《かれ》ら（みなさん）の成長を、そして成長欲望を、信頼《しんらい》するということ。

若者たちは、みんな何だかんだで、若さならではの成長欲望を持っています。周囲に気兼《きが》ねして、それをあからさまに出すことを躊躇《ためら》う傾向《けいこう》はしばしばあったとしても、みんなやっぱり、もっと成長したいと願っています。

ならば、読書がその成長欲望を最も力強く叶《かな》えてくれるものの一つであることを、説得力をもって示したい。そう、いつも思いながら若い人たちと接しています。

本書でわたしは、グーグルマップになるための、あるいは〝クモの巣電流流し〞ができるようになるための読書法を、縷々《るる》お伝えしてきました。みなさんの成長欲望に、少しでも火がつけば嬉《うれ》しく思います。

今回、光栄にも、この新シリーズ「ちくまQブックス」第一弾《だいいちだん》の著者の一人として声をかけてくださったのは、筑摩書房《ちくましょぼう》の吉澤麻衣子《よしざわまいこ》さんでした。『はじめての哲学的思考』以来、2度目のタッグです。

本の読み方についての本は、ずいぶん前から、いつか書いてみたいと思っていました。思いが叶《かな》ったことを、とても嬉しく、またありがたく思っています。

本文でも書いた通り、1冊の本には、著者だけでなく、編集者さんの思いもまたたっぷりとつまっています。前作同様、この本もまた、わたしたちにとってきっと大切な作品になるにちがいありません。

次に読んでほしい本

梅《うめ》棹《さお》忠《ただ》夫《お》
『知的生産の技術』
岩波新書、1969年

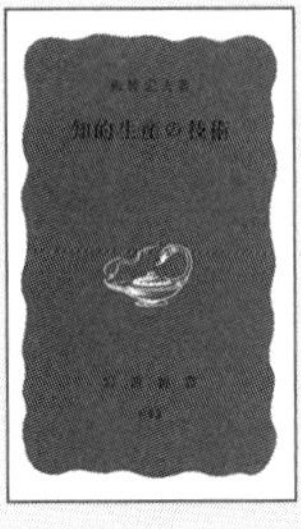

わたしが通っていた中学校には、週に一度の「読書科」という目玉授業がありました。単に読書をするだけでなく、たくさんの読書を通して卒業論文を書くのが目的です。その読書科の授業で、中学2年生の時に全員が読むことになっていたのがこの本でした。半世紀以上も前の本ではありますが、現在この読書科を担当されている先生にお尋《たず》ねしたところ、いまもそのエッセンスは授業に取り入れられているとのことです。学者としての、わたしの一つの原点になった授業だと思っています。

この本で紹介《しょうかい》されている「情報カード（読書カード）」を、わたしは中学2年生から10年以上作り続けました。B6判のカードに、読んだ本の大事なところを抜《ぬ》き書きしてファイルしていくのです。

もっとも、いまのわたしは、本書でも書いたように「1冊まるまるレジュメ」が基本です。「情報カード」は、情報を部分的に抜き取るものなので、本の構造や文脈が失われてしまい、その内容を丸ごと理解するのには不向きだからです。社会学者の橋爪大三郎《はしづめだいさぶろう》さんも、カードは単なるコピペであって、「そんなことから、なにかが生まれることはない」(『正しい本の読み方』講談社現代新書、2017年)などと厳しく言われています。

そんなわけで、いまではこの本に書かれてある「知的生産の技術」をそのまま実践《じっせん》することはあまりなくなりました。でも、本書にも書いたように、いろんな読書やレジュメ作りの方法などを学び、まねび、その上で、自分なりの方法を編み出していくのがやはり重要なのではないかと思います。

その意味で、わたしにとってこの本は、新しい世界の扉《とびら》を開いてくれた、つまり「知的生産」なるものの世界があることを教えてくれた、忘れがたい1冊です。

竹田《たけだ》青嗣《せいじ》
『中学生からの哲学《てつがく》「超《ちょう》」入門
——自分の意志を持つということ』
ちくまプリマー新書、2009年

わたしの師匠《ししょう》の、竹田青嗣の本です。

哲学と聞くと、何だかとてもむずかしそう、と思われるかもしれませんが、タイトルのとおり、中学生でもきっと読める本だと思います。

哲学とは何か？　宗教や科学とは何がちがうのか？　そんなことに始まって、ルールとは何か、幸福とは何か、といったテーマについて、「なぁるほど、これはすごい考え方だ、納得！」と言いたくなるような〝答え〟を示してくれます。

竹田先生が哲学者になったきっかけの一つは、ご自身が在日韓国人《かんこくじん》二世であることにありました。

読者のみなさんの中には、普段《ふだん》、差別をあまり身近に感じていない人もいるでしょう（本当は、女性差別や性的マイノリティへの差別、少数民族への差別など、いまも日本社会のいたるところにあるのですが）。

でも、露骨《ろこつ》な差別をされているわけではなかったとしても、何らかの〝生きづらさ〟を感じている人は、きっとたくさんいるのではないかと思います。

竹田先生は、ご自身が圧倒的《あっとうてき》な〝生きづらさ〟を経験しながらも、強靭《きょうじん》な思考力をもってその問題を克服《こくふく》する道を切り開いてきた哲学者です。その鍛《きた》え抜《ぬ》かれた思考の数々は、若いみなさんの人生にもきっと大いに役立つはずです。

本書でも少し言ったように、わたしも幼い頃《ころ》から、躁《そう》ウツ病をはじめとした〝生きづらさ〟をたくさん抱《かか》えていました。

そんな"生きづらさ"を克服する哲学的思考を自分のものにできるようになったのは、竹田哲学との出会いのおかげです。哲学は、時代を超《こ》えて通用する力強い思考の宝庫なのです。

ちなみにわたしも、お恥《は》ずかしい"やらかし"だらけの半生をネタにして、さまざまな"生きづらさ"を乗り越《こ》えるための哲学的思考をお伝えする本を書いています（『子どもの頃から哲学者――世界一おもしろい、哲学を使った「絶望からの脱出《だっしゅつ》」！』大和書房《だいわしょぼう》、2016年）。こちらも中学生でも読める本かと思いますので、お読みいただけるととても嬉《うれ》しいです。

ゲーテ著、竹山道雄《たけやまみちお》訳
『若きウェルテルの悩《なや》み』
岩波文庫、1978年

いまとなっては本当に恥ずかしい話なのですが、大学生の頃、わたしはこの本を毎日ポケットに入れて持ち歩き、折に触《ふ》れては公園のベンチなどで取り出し、読んで、泣いていました。

ゲーテ自身の体験を元にした、書簡体、つまり手紙の形で書かれた小説です。ゲーテの分身である青年ウェルテルが、親友の婚約者《こんやくしゃ》ロッテに恋《こい》をしてしまう物語。その喜びと苦しみを、ウェルテルは手紙で友人に書き送ります。

当時のわたしは、ウツ真《ま》っ只中《ただなか》。ウェルテルの言葉は、まるでわたしの苦しみを正確無比な言葉にして吐《は》き出してくれているようでした。

この人はどうしてこんなにもわたしの心を知っているのだろう。そう感じました。あれ、というか、もしかして自分はゲーテの生まれ変わりなんじゃないか？　なんて夢想（妄《もう》想《そう》）したりもしました（笑）。

ゲーテ自身、晩年、「もし人生の中で『ウェルテル』が自分のために書かれたと思う時期がなかったとすれば、その人は不幸だ」と言っています。あのナポレオンも、若い頃この作品に夢中になって、戦場で何度も読み返したと言われています。

多くの人を、悪魔《あくま》的なまでに引きつけて離《はな》さない魅力《みりょく》を持った本。そう言えるでしょう。悪魔的、というのは単なる比喩《ひゆ》ではなく、じっさいこの本が出版された18世紀末、ヨーロッパでは多くの若者が自殺してしまったのです。主人公のウェルテルが、作品の最後で自殺したのに影響《えいきょう》されて。

ゲーテ自身、『ウェルテル』は危険な小説だと言っています。そして、自分はこの作品をもう二度と読みたくないと。それほどまでに、『ウェルテル』はわたしたちの心を自ら深くえぐり取らせる小説なのです。

ただわたし自身は、この本があまりに見事に自分の心模様を言葉にしてくれているので、かえってウツが和《やわ》らぎました。

言葉にできなかった内側の世界が、言葉になって外の世界へと解き放たれる。

「そうか、これが求めていた〝ほんとう〟のことだったんだ」

すぐれた文学に出会った時、わたしたちはそう思わずにはいられません。

そんな文学の〝すごさ〟を、ぜひ多くの方に味わっていただきたいと思います。

ちくまQブックス

伊《い》藤《とう》亜《あ》紗《さ》

美学者・東京工業大学リベラルアーツ研究教育院教授

きみの体は何者か

なぜ思い通りにならないのか？

そう、体は思い通りにならない。

でも体にだって言い分はある。

体の声に耳をすませば、

思いがけない発見が待っている！

きっと体が好きになる14歳からの身体論。

ちくま
Q
ブックス

鎌《かま》田《た》浩《ひろ》毅《き》

火山学者・京都大学レジリエンス実践ユニット特任教授／名誉教授

100年無《む》敵《てき》の勉強法

何のために学ぶのか？

「誰にもじゃまされない人生」をつかむために、
「死んだ勉強」を「活きた勉強」に変えて、
ステキな自分をプロデュースする戦略を学ぼう。
人類の知的遺産は一度知ったらもう戻れない、
ワクワクする勉強のスゴさとは？

ちくまQブックス

稲垣《いながき》栄洋《ひでひろ》
植物学者・静岡大学農学部教授

植物たちのフシギすぎる進化
木が草になったって本当？

生き残りをかけた、
植物の進化を見つめると、
「強さ」の基準や勝負の方法は
無限にあることがわかる。
勇気づけられる、植物たちの話。

苫野一徳

とまの・いっとく

1980年生まれ。兵庫県出身。哲学者・教育学者。熊本大学教育学部准教授。著書に『はじめての哲学的思考』(ちくまプリマー新書)、『勉強するのはなんのため?』(日本評論社)、『教育の力』『愛』(講談社現代新書)、『「学校」をつくり直す』(河出新書)、『子どもの頃から哲学者』(大和書房)、『どのような教育が「よい」教育か』(講談社選書メチエ)、『「自由」はいかに可能か』(NHKブックス)、『ほんとうの道徳』(トランスビュー)など。

ちくまQブックス
未来《みらい》のきみを変《か》える読書術《どくしょじゅつ》
なぜ本《ほん》を読《よ》むのか?

2021年9月15日　初版第一刷発行
2023年9月25日　初版第五刷発行

著　者　苫野一徳
装　幀　鈴木千佳子
発行者　喜入冬子
発行所　株式会社筑摩書房
東京都台東区蔵前2-5-3　〒111-8755
電話番号03-5687-2601(代表)
印刷・製本　中央精版印刷株式会社

ISBN978-4-480-25112-1 C0300